要當一位好老師，
必須先成為一位好的學習者

# 什麼都能教的
# 最高教學法

「教」&「學」相互促進、共同成長

彼得‧霍林斯（Peter Hollins）◎著

曾秀鈴 ◎譯

晨星出版

# 目次 **Contents**

# Chapter 1

# 從教學中學習

想像你在某個領域學有專精，朋友問你祕訣是什麼。他們一無所知，但渴望學習。你該怎麼做？大多數人常當學生，卻不習慣當老師，因此當我們處於這樣的情況下，就得面對一個截然不同的觀點：我們看待知識的角度，必須轉變為將知識傳達給他人的角度。

　　在學校或大學時，你可能曾遇過幾個喜歡的老師；但是，到底是什麼原因使他們的教學成效斐然？如果你自認是個熱愛終生學習的學生和自學者，或許你早已知道，自身擁有的理論基礎、學習態度和學習方式，才是掌控學習的重要因素。本書中，我們將透過較不常見的老師觀點來探討如何學習。

　　我們不把重點放在一般教育哲學或學校課程上，而是去探討成就一個完美老師最根本的基礎，因此無論正式上課或教導朋友都很適用。

　　掌握如何扮演好老師的角色，也會讓你成為更好的學習者，這是額外的收穫，因為你會更熟悉學習和獲取知識的過程，而學習本身，其實就是一個值得探討的主題。我們將從教育學（pedagogy），也就是研究教育和學習的基礎開始，希望你讀完這本書後，能跳脫出標準

的師生框架，發揮創意地善用這些原則。

## 五種關鍵的教學方法

　　教學的本質就是對話，也就是將新的訊息傳達給不知道的人。採取的方法取決於你如何看待學生、老師、師生關係及訊息本身，還有主宰知識傳遞的規則。

　　想把你知道的教給朋友，可以從他們理解的地方開始，把那裡當作基礎、向上堆疊。舉例來說，可以先說明基本原則，或利用他們已經具備的概念知識加以延伸然後教導新的知識。透過參與解決問題的過程，來加強學生的知識獲取。扮演老師角色的你，基本上是在幫學生設計一系列有用的障礙課程，讓學生通過這些障礙的同時，也學到新的知識。

　　這個方法泛稱為**建構式教學（constructivist approach）**，在教導複雜的概念時十分有效，方法從更小、更簡單的概念開始，逐步建構出主要的概念。學生掌握這些概念後，就能以更有架構的方式繼續學習。例如，學生常以此方式學習樂器——先掌握音階、讀譜和樂器的基本操作，才進階為更複雜的技巧融合。

如果你不只教導一個對象，假設是兩個朋友一起，便可以利用建構式教學，營造出學生之間的合作氛圍，而不是以高度結構化的教學方式進行，反而是在他們都理解的基礎上，傳達你想教的內容。用類比的方式說明極為有效，可以讓學生在舊觀念的基礎上，「建構」出對新觀念的理解。

然而，這個方法的缺點在於「建構」之不易。有些學生在建立概念之間的連結時會遇到困難，而且學習效果不佳。他們需要既定的結構；比起建構出自己對概念的理解，更傾向有老師直接告訴他們，該如何思考並理解某個概念。（McLeod 2019）

但是，你可以採取其他方法。孩童時期的你，是否也曾坐在教室裡，思考著：「這一切到底有什麼意義？」因為你無法理解，如何將課程應用在「真實世界」中？如果當時，老師使用了所謂的**整合式教學（integrative approach）**，也就是將新知識融入到實際應用中，你可能就不會這麼想了。例如教授語言的老師，讓學生進行角色扮演，模擬在不同國家會遇到的情況，比方說，如何在**餐廳點餐**。

上述方法之所以有效，正因為它讓枯燥抽象的知識，在情境中變得生動有趣。如果學生了解課程的涵義，而且知道知識如何在實際的世界上運作，變更有可能得到啟發，進而投入到課程當中。我們中學時學的三角函數，你大概都忘光了吧，這或許就是原因——日常生活又用不到！當然你也知道，有些知識本身更適合使用整合式教學。然而另一方面，你最喜歡的老師可能很熟悉這個原則，並致力於讓那些「無聊的」主題，也能看起來彼此有關、跟得上流行，而且生動有趣。

　　讓我們停留在對學校的回憶中，你是否記得老師常說：「好的！現在我們分成四人一組」？有些學生討厭小組合作，但無論在課堂上或課堂外，採取**協作式教學**（**collaborative approach**），都是有其理論依據。

　　所謂的協作，就是利用團隊合作，在團體裡分享學習的過程。教育學者發現，當人們一起研究某項課題時，他們的學習效果會因此提升，其中原因不難想像。人類是社會性生物，比起一個人坐著靜靜思考，解釋、溝通、談判、澄清，甚至爭論，更能使主題產生清楚的焦點。透過協作式教學，老師讓學生擔任起共同教師的角色。可以想見的是，小組裡的學生都擁有不同優勢和

技能，學生可以在某些方面幫助他人，並在較不擅長的領域獲得其他人的支持。

團體中會有自我修正的行為產生，使得整體成果比個人呈現的總和更好。老師也能成為小組的一員，或扮演獨立的協調者，適時提出一些條件來促進小組運作。

我們可以想像，科學老師在學校利用這個方法，要求小組合作進行實驗並完成科學報告。學生必須了解彼此各自的技能、進而分配任務、發揮團隊合作，並且（希望）運用彼此的技能和知識。協作方法在課堂外也容易奏效，因此許多人在教學時會很自然地採取這個方法。

舉例來說，經理教導新進員工操作機器時，可能會要求資深員工進行訓練，而他自己則扮演監督的角色。如此一來，公司員工在教導新員工的同時，也能加強自身的知識。某種程度上，有經驗的員工會比經理更親近新員工，他們也會想起，當初自己不會操作機器時是什麼感覺。經理可以利用這個方法，藉由員工自然的分享過程，輕鬆達到「教學」效果。

另一個有效的教學方法，則是**探究式教學（inquiry-based approach）**。顧名思義，這種方法將問題放在學習過程的核心。仔細想想，這就是學習在我們身上自然的發展過程——我們提出問題。這是什麼？這如何運作？為什麼 XYZ 會發生？接下來會發生什麼事？我要如何從 A 到 B ？探究式教學探討問題、答案，以及從問題到答案之間的過程。

舉例來說，確認式探究（confirmation inquiry）清楚闡述問題、解答，以及該使用何種方法得到解答，並向學生展示整個過程。你也可以使用結構式探究（structured inquiry）來提出問題和解決的方法，但是讓學生自己去找到答案。引導式探究（guided inquiry）只提出問題，學生的任務則是自己想出方法，找到解決方案，然後得出問題的答案。

最後一招，你什麼都不提供——沒有問題、方法或解答，而是讓學生自己提出想法。這種方法名為「開放式探究」（open inquiry），也是蒙特梭利教育的根本基礎。不同年齡的小孩聚集在這裡，可以自由探索自己想學什麼。這讓他們能夠提出與自己興趣相關的問題，之後也能想出方法來解決這些問題。

以這種方式提出問題，可以激發學生自己思考出新的疑問，而不是老師單一地傳遞給學生無趣的訊息。你可以這樣說：「如果我們這樣做，能解決舊的問題，那麼我們又該如何做，才能解決這個新的問題呢？」提出問題和方法，並驅使學生找到正確解答。另一方面，你可以試著拿三本書給朋友，並要求朋友讀完後提出一個問題；這個問題要能包含三本書的內容並具有代表性，這會促使他們努力尋找解答和新方法；而且，從一開始閱讀時就會形成自己的疑問。

雖然上述方法有許多優點，尤其能培養學生的好奇心，但仍會衍生出一些缺點。一方面，老師很難針對探究式教學加以準備。透過一系列的問答，詳盡教導一個概念，也比其他方法耗費更多心思。如果學生無法回答你準備的問題，此方法也可能無法達到預期的效果。在最壞的情況下，他們可能會感到羞愧和自信心低落，尤其當他們有學習障礙，或原本就不是思維敏捷的人之時。（Gutierrez 2018）

如果你正在思考這些方法是否可以混合使用，答案是肯定的。事實上，**反思式教學（reflective approach）**即是最終的教學方式，也就是將經常性的反思置於學習

的中心。雖然這些方法的優點各自不同，但如果在不適合的情況下、不經思考地亂用一通，就無法發揮效果。老師可以利用反思式教學，不時停下腳步，評估正在使用的技巧並加以調整。

此刻，你正在做的，真的對這個學生有用嗎？有呼應這個主題嗎？何者是或何者不是？怎麼做，效果才會更好？我們經常鼓勵實習老師維持反思模式，因為他們自己也必須學習何者有效、何者無效，並發掘出其中的原因。這個方法突顯出一個重要原則：教學是很重視實用層面的——方法有用、沒用才最重要。沒有所謂的主題太難或學生太笨，只有方法適不適合。採取反思的觀點時，你會經常提醒自己，教學只是工具，為了達到最終的目標，你應該嘗試不同的方法。如此一來便促進了實驗創新；然而，就像探究式教學，面對嶄新的教學方法時，老師們需要花費更多心力制定教學策略。

以下的章節內容，多少都會提及這五種教學方法。請記住，雖然現有的教學理論，大多專為傳統教室的上課設計，然而這些方法是通用的，該在何處、如何運用這些教學方法具有一些自由度，可別讓你的想像限制了自己。

## 大腦的優勢和侷限

　　大腦不是機器。雖然大腦的運作有時的確有點像計算機處理器，但它真的不是——大腦是一個生物體，在接收新訊息或重點時有其天生的限制。許多自學指南宣稱，人類能擁有超人的記憶或超高的生產力，試圖讓我們相信，只要夠努力就能善加訓練，並掌控大腦的運作。然而事實上，如果我們在大腦的極限內運作，不強加壓力在大腦上，反而可能學得更好，而且教得更好。我們必須更有策略性。

　　給予學生（和自己）足夠的時間、空間、耐心和充分的挑戰，進行真正的學習，教學方法才會發揮真正的效果。最佳的途徑是維持平衡，有充足的休息時間，並融合新的教材。因此，無論採取何種方法、學習內容為何，學習數量和強度都必須配合並顧及大腦的內建容量，而不是超過大腦負荷——否則只是白費力氣。

　　所謂進入「認知負荷理論」（cognitive load theory）的模式，差不多就是這個意思。簡單來說，這個理論提醒我們，多數時候，大腦在同一時間，只能處理一件新的事情。既然了解這點，我們就必須列出事情的優先順

序。1998 年，心理學家約翰・斯威勒（John Sweller）提出這個理論，解釋大腦如何面對、處理和儲存新的訊息。在學習新事物時，我們會使用工作記憶（working memory），然而，一旦吸收新知識，我們便會把它以心理基模[1]的形式移入長期記憶。

比起想起某件已學會並「存入」腦中的事，我們學習新事物時，更需要發揮強大的認知能力，這就是認知負荷；就像肌肉能承受的身體負荷有其天生限制，大腦的精神承載也有其侷限。換句話說，短期記憶是一種有限的資源，如果我們想成為最好的學習者或老師，就必須善用手上擁有的資源。

提高學習或教學效率的方法之一，就是盡量減少認知負荷。透過「花費」最少的認知能力，來獲得最大的學習效果。那要怎樣做，才辦得到這點？如果想把一大堆石頭從這裡搬到那裡，但你只有一台小手推車，方法很明顯：一次載一點，慢慢解決。就像改變學習內容，使其更容易吸收。要求學生拆解、簡化，或使用摘要，

---

[1] 心理基模（mental schema），在心理學和認知科學中，基模描述一種思維或行為模式，用來組織資訊的類別以及資訊之間的關係。

改變大腦必須處理的內容，就是在減少認知負荷。

　　還有其他方法可以減輕負荷。你可以按照順序，專注在每個步驟或階段，而不是試圖一次消化所有內容。依照時間幫助學生拆解知識。首先，只考慮一開始。目標達成後，再繼續下一步驟，以此類推，在過程中慢慢往上累加。生物學老師會先告訴你，生態系統微小元素的運作，然後將視野放大，顯示更大的元素如何與其他元素連結。畢竟完整的輪廓範圍太大，無法一次吸收，但以順序或有頭有尾的故事來講述，會比較容易掌握訊息。

　　想像自己正嘗試學習新的化學概念：你可能拿起一本與主題有關的書，試著掌握其中的概念，但卻不斷遇到像是「光學親手性」（optical chirality）和「鏡像異構物」（enantiomers）之類的名詞。你必須暫停閱讀，查詢這些名詞的定義，然而，當你這樣做的時候，卻會突然意識到，在完全理解這些名詞之前，會有更多名詞不斷冒出來。這聽起來很可怕，是吧？這裡的麻煩在於，你必須同時在兩個不同層面上工作，在試圖正確理解這些概念的同時，還得兼顧概念的使用和應用。此時，工作記憶已然超載，但又沒有足夠的長期記憶可以

依賴。所以結果會如何？大腦超過負荷，無法建立新的基模。

然而，如果你是理解認知負荷理論的老師，就可以刻意建立一個引導學生的學習環境，以減少他們的認知負荷，並幫助他們集中注意力，一步步建立有用的基模。一個好老師應該這麼說：「注意，你必須先從這個概念開始，接著是這個教材，然後拼上最後一塊拼圖，最後再將一切融合在一起。」參考大腦如何學習新事物的概念，然後刻意複製這個同樣的過程。

研究過認知負荷理論的學者，對於如何在課堂上運用這個理論，抱持著不同看法。例如，告知學生現成的解釋，讓他們消耗較少的認知能力，並形成新的基模，這樣做就是減少認知負荷？這個過程，肯定和許多老師的經驗背道而馳，老師們發現，只提供部分解答會更有效。使用視聽教材時，則會出現另一個兩難局面。謹慎使用有助於減少認知負荷，但過度使用，反而會增加認知負擔。

然而請記得，本書的目標並不是去設計更有效的學校課程，或對於老師這個職業進行哲學思考——相反

的，我們運用這些原則是為了自己，為了成為更好的老師，並在努力學習的過程中，擔任幫助他人的角色。我們從這個理論學到，最有幫助的一課就是：學習在自然而然發生時，是慢慢增加的，一開始是小範圍，然後慢慢向上堆疊。同時，如果我們想盡最大的能力去教，就必須找到能呼應自然學習過程並加以支持的方法，然後應用在學生身上。

在教學過程中，必須隨時密切注意認知負荷——學生是否有足夠知識可以運用？會不會一次講太多？如何調整傳達訊息的節奏，這對學生的挑戰是否太大或太小？

一種有關人類學習的思考方式，名為訊息處理模式（information processing model），該模式將大腦視為一種電腦。大腦先是感知訊息，決定是否值得加以關注；接著，將訊息組塊（information chunk）放在短期或工作記憶中一會兒，然而，除非我們以某種方式把它放入長期記憶中，否則它或多或少會消失不見。

如果有下一步的話，就是將訊息編碼、歸檔在心理基模的長期記憶，並伴隨著相關提示，有助於日後的記

憶提取（retrieval）。再下一步，便是記憶提取；這點通常是由特定情境來引起。

　　那麼，我們如何利用這點成為更好的老師呢？舉例來說，假設你想教一群人使用某項產品的優點。首先你得找到方法，讓這群人保留**感覺記憶**（sensory memory）的訊息，顧名思義就是，你必須吸引他們各種感官的注意，尤其視覺和聽覺。為了達到目的，向團體展示並分發產品，讓他們可以觸摸並感覺。你可以用言語解釋使用這項產品的優點，同時搭配視覺的資訊圖表和其他教材。把重點放在不同的感官上，針對不同的人會有更好的學習效果。利用聽覺或語言，會幫助一些人學得更好，而有些人則是在將產品拿在手中感覺時會有所反應。

　　然後，我們必須確保感覺記憶會轉換為**短期記憶**（**short-term memory**）。影響轉移的因素包括：必須處理的訊息量、學生的專注程度以及個人的認知能力。因此，如果你能讓前面的步驟盡量有趣，引起學生興趣並參與其中，便會刺激他們的感官，幫助他們將學習成果轉移到短期記憶中。

最後的步驟是掌握這個訊息，並將訊息移至**長期記憶**（long-term memory）。這說來不容易，但關鍵在於重複。用新的方法說同一件事，讓最重要的知識深植於學生的大腦裡。讓提供的訊息保持焦點，將之加以拆解，變成容易吸收的小單元，並和現實生活的目標連接起來。如果你想讓他們販售產品，那就強調這項產品最受歡迎的優點。如果你想讓他們開始使用產品，那就強調生活中常見的問題，以及這項產品會如何解決這些問題。這些都會幫助他們將訊息保留在長期記憶中，並確保在未來很長一段時間內，他們都不會忘記。

## 來自認知負荷理論和訊息處理模式的教學技巧

了解大腦的「架構」和程序流程，便能改善學習效果。根據約翰・斯威勒的說法，工作記憶最多只能同時處理兩、三個新訊息，並保持專心約二十秒。當我們把知識從工作記憶轉移到長期記憶時，才可以說自己學會了。所以，慢慢來！把訊息分解成組塊，緩慢且穩定地輸入長期記憶，並提出明確且詳細的解說。提供充分的範例，並連結學生已有的概念，進而成為這些概念的定錨。

其他秘訣包括：每十至十五分鐘休息一次，因為注

意力經常遞減。可以切換不同活動，而不是完全停止學習。讓一切保持新鮮、持續進行，目標是讓學生投入並積極參與。用問題和提示促進對話（參考探究式教學），並加入更多元素；由於時間跟注意力有限，因此必須在過程中加以引導，讓學生理解最重要的部分，以及應該將焦點放在何處。

利用長期記憶，連結新、舊教材，理解文章脈絡，然後引進對於主題更深入的思考，還有參考個案研究、例證或問題。為了減輕認知負荷，還要讓一切保持簡單、條理分明。例如，把一小時的課程分成四小節，每次十五分鐘，每節都有機會建立簡易的心智圖（mind maps），總結學習重點。花時間鑽研和複習——越深入思考某一點，其加入長期記憶的機會也越大。

最後，讓學生參與課程計畫或討論——解釋你如何組織概念和描述想法。讓他們知道，正在學習的概念彼此的關聯，以及如何將這些概念融合在一起。記住，大腦喜歡連結：在訊息組塊間，繪製更多有意義的連結；之後，大腦就越來越能將訊息歸檔，並有助於日後的提取。

## 鷹架理論：循序漸進的力量

在當一個好老師之前，首先要能理解，人們如何自然吸收、記憶和使用新訊息。如果你本身擁有某項技能或知識，那可能是一次一個步驟，逐漸學習得來的。專家總是從新手開始，學習路徑充滿漸進式的改變，而非一步登天。

從較低程度的能力，到加速精通的過程，有個聽起來很厲害的名稱——「鷹架理論」，意思是以較簡單的小單位，小心地建構複雜心理結構的過程。學會如何運用鷹架理論，對老師或學生都很有幫助。因為這個技巧可隨時轉換——很難想像生活中有什麼領域不適用這點。

身為老師，利用鷹架理論技巧的最終目標就是簡化訊息。大腦在工作記憶中只需處理一小個訊息組塊，因此認知負荷便能降低。一旦將訊息儲存在長期記憶中，就可以考慮進行下一步、下個階段或下一個單元。

根據學生程度和教學內容，運用鷹架理論的過程其複雜度也有所不同。例如，在教導學生使用不熟悉的軟

體時，可能會按照分級階段來教。搭建鷹架就像提供精神支持和結構，讓學生慢慢朝更大的目標邁進：了解如何有效運用整個程式。

你可以從提供知識（provision of knowledge）開始：解釋和說明程式、用途，以及介紹基本原則。

接著，你可以演練技巧（demonstration of strategies）：可以進行程式操作，向學生展示，該怎麼做才能達到特定效果。

再延伸到示範（modeling）：建立一個模式，包含你分享的訊息，或展示該怎麼結合之前學到的技巧。

下一步是提問（questioning）：在已經進行示範的前提下，請他們猜猜看，如何進行另一個相關的操作。你的示範可能會引發疑問——如果想進行稍微不同的操作，該怎麼做？可以使用相同技巧嗎？這類提問提醒你，該繼續教他們另一個更複雜的技巧了——前提是，他們已經完全理解第一個技巧。

過程中，你可以持續指導（instructing）學生：告

訴學生：「點擊這裡，就能完成 XYZ。」或「這樣做，就能導入文件。」

過程中，你可以持續提供回饋和修正（feedback and correction）：提出問題，看學生如何回答，並推斷他們的理解程度到哪。以溫和正面的態度提出修正，並回溯之前的說明或簡化概念，確認學生是否理解。可以給予綜合性的回饋，例如：「更快的方法是利用鍵盤上的快捷鍵。」或「哪個部分可以嘗試不同的設定。」

最後，過程中你可以運用任務重組（restructuring the task）：在處理更複雜的概念之前，讓學生完成小任務，或故意跳過課程的某些部分，讓你可以更清楚地說明某個重點。你可以要求學生跳過某個指令，讓他們了解，為何少了這個步驟，程式便無法發揮作用。例如，故意錯誤地操作程式，讓學生知道，這樣做會導致系統當掉或癱瘓。

沒有必要讓這些步驟聽起來很複雜——鷹架理論應該是隱約、自然地發生，而且不會失去其效力。鷹架理論很簡單，就像提醒孩子放慢速度、再讀一遍句子，以及必要時，慢慢念出困難的字。鼓勵學生從最簡單的訊

息組塊開始，一旦他們熟練了，再利用問題、提示和線索，提醒他們注意訊息之間的連結。最好的老師，能夠幫助學生靠自己的能力到達下一個更複雜的級別——最好的「課程計畫」（lesson plan），就是學生自己渴望進入下一個階段！

另一個思考鷹架理論的面向，是去想像這是一個逐漸「交接」（handing over）給學生的過程——起初以老師為中心，之後慢慢進展到以學生為中心。這個方法名為「我先做／一起做／換你做」（I do / we do / you do）或「告訴我／幫助我／讓我來」（show me / help me / let me）。讓我們用一個簡單的例子：如何教別人烘焙困難的法式舒芙蕾，來一一檢視這三個步驟。

## 老師主導的教學／我先做（I Do）

在準備材料時，要求學生仔細觀察，了解如何完成。過程中給予指示和引導，主動分享知識，讓學生被動接收。將所有新概念、技巧和訊息傾囊相授，例如：「有看到嗎？我用的是金屬碗。金屬碗必須一塵不染，碗裡不該有任何一點油漬殘留，否則它會破壞蛋白，無法達到乾性發泡的狀態。」

在這個階段，確保學生以新教材為導向，而且知道這堂課的目標。（在這個例子裡，學生必須仔細觀察，才能做出一樣的東西！）明確設定限制和目標，今天的目標，就是要製作出完美的舒芙蕾。利用之前擁有的知識，給予有意義、關聯的解釋，甚至舉例加以說明。

## 老師和學生的合作／一起做（We Do）

這個階段使用「輔助輪」（training wheels），來逐漸提高學生的參與度。之前你還在發號施令，但現在的目標是引導他們有所行動。監督他們用教過的技巧製作舒芙蕾，而你也在現場進行部分工作，並隨時加以提醒、糾正。這個過程讓學生有機會練習新技巧，或提取已儲存的訊息，而老師仍提供心理和認知上的支持。

一次一個步驟（按順序來，通常可以減輕認知負荷），利用問題和提示，引導學生前往下一個階段。「好，現在可以放進烤箱了……記得放在烤箱的哪個位置嗎？記得原因嗎？」鼓勵學生展現知識或技巧，一開始，他們擁有的知識可能很有限──給予學生鼓勵和正面回饋將很有幫助！過程中總會有錯誤發生，這時你可以暫停、調整，並再三強調正確的作法。

## 學生主導的練習／換你做（You Do）

　　最終目標是讓學生在沒有你的幫助下，自己執行技能或提取訊息。在某個時間點，你要卸下輔助輪。甚至在過了一段時間後，可以要求學生從頭開始，在沒有你的監督下，自行準備並製作出完美的舒芙蕾。這讓他們有機會展示個人的進步，而且可以和一開始設定的目標進行比較。很顯然地，如果學生做出像是剛著火的消氣曲棍球這樣的作品，你應該從頭再教一次，建立更好的學習鷹架！

- 藉由這五個常見的教學方法,我們可以成為更好的老師,無論是在課堂上或比較輕鬆的場合。

- 建構式教學是在學生已知的訊息基礎上,向上堆疊知識和技能。在現有的知識上提及相關訊息,幫助他們「建構」新的知識,並連接兩個不同的概念。

- 整合式教學強調讓課程更實用,可以實際運用在真實世界中。新的訊息跟學生越相關、越情境化,學生越有可能記在腦海裡。

- 協作式教學利用學生之間團隊合作的優點幫助學習,讓學生接觸每個人擁有的獨特觀點和知識,進而達到互相教學的效果。

- 探究式教學要求學生提出問題,找出獲得解答的方法,然後得出解答,或結合以上三種教學方法,作為一種指導學習的方式。

- 反思式教學是為你面前的學生量身打造出最合適他的教學方法，必須經常花時間評估：何者有效、何者無效。

- 大腦不是機器。認知負荷理論告訴我們，大腦的能力有限，讓學習效果最大化的同時，我們必須有策略地思考，盡量減少負荷。透過各種方式可以達成這項目標，但應該尊重大腦的自然學習過程，而不是一味強迫。有些策略強調讓教材集中在特定主題，盡可能重複訊息，並利用各種方式引起感官注意。

- 鷹架理論的原則，在於微小、漸進式的改善，從更小、更簡單的概念開始，建立起更大的概念或技巧。可以總結為「我先做／一起做／換你做」；過程中，老師逐漸將控制權和主導權移交給學生。

Chapter 2

# 看見願景

在討論鷹架理論、擬定計畫達成目標，組織學習，以讓訊息藉由組塊的方式傳遞的同時，你可曾想過：誰來決定目標、循序漸進的步驟或訊息組塊？我們在上一章理解到，為學生有系統地編排新的訊息相當重要（畢竟這正是老師的工作），然而問題是，該怎麼做最好？

好的老師具有觀點上的優勢。學生無法看清整體，只能看到模糊的一小部分；相較之下，老師能看見全貌，並且了解到，如何將一切連接到更遠大的方向。事實上，就是這個觀點上的優勢，讓老師能向學生傳授有價值的知識──缺少這個觀點，師生就像兩個到處亂闖、找不到正確道路的學生。

好老師能看見完整的「願景」，知道前方有什麼，讓他們能制定任務的優先順序，正確地建構事物，然後設定出目標。如果你不習慣教學，這看起來可能不重要，然而，這正是身為老師最重要的事，因為這會影響到你如何思考眼前的教材，以及如何將內容傳達給學生。

以不完整或不正確的方式看待願景，代表提供學生錯誤的努力方向，反而會因此危害到他們的學習。在通

過未知領域時，假如手上沒有可靠的路線圖，可能會迷路，進而陷入混亂或感到困惑，而且無法預期或猜測，前方會遇到什麼問題或機會。回到更基本的層面上，你將無法激發學生的自信或對你的信任，更糟的是，還可能教導他們完全錯誤的知識。

如果你認為，只要成為某個領域的專家，而且熟悉「地圖」，就有教學資格，請再三思。老師的確擁有知識，但他們主要的技能在於傳達或交流知識。某種意義上，當一個好老師不只要能了解知識的領域，更要知道如何選擇性忽略與該領域無關的內容，讓學生知道，該把重點放在哪裡。若非如此，人類只要利用 Google 或閱讀期刊文章，就能完美地學會任何事。（提示：事實上，人類並不能！）

基本上，老師是在建立一個縮短、簡化的景觀視野——地圖。為了使某些概念更容易理解，這份地圖經過刻意組織、抽象化，只包含現在的學習發展階段，以及跟學生相關的知識領域。是的，地圖簡化了，但仍應精準呈現出完整的景觀。雖然可能忽略某些細節，但也不該讓學生到最後才發現方向完全錯誤。

地圖和領域的相對概念值得關注。如果老師有條理並清楚地處理任務，就可以避免許多誤解和混淆。練習「教」別人新的知識，或將剛讀過的內容做個簡短說明或呈現，這個學習技巧被證實有效。同樣的，許多人會說，如果你無法跟非專家或十歲小孩解釋一個計畫或概念，那你本身就不是真的懂那些概念，無論你多專業。

沒有什麼事情像指導別人一樣，會暴露出自己知識的不足。更確切地來說，嘗試教別人會讓你明瞭，自己是否以不一致或不完整的地圖或模式在工作。身為老師，這沒有商量餘地：如果自己都不清楚當前的形勢，便無法帶領新手穿越未知的領域。最好的老師會在出發前，規畫好通過複雜景觀的新路徑，而且知道最終的目的地在哪裡，即使學生本人毫無概念。

如何幫學生製作一份好地圖？可以將地圖（或心智模式）視為一系列的連結（connections）。當我們可以把單一的想法、概念、事件或理論放入更大的藍圖中，並將它們連接在一起，便擁有了更寬廣、更有組織以及更連貫的視野。現在，我們可以在時間中建立聯繫，銜接現在和過去所學，或將所有訊息的片段連起來。

## 連結新舊知識

　　教學的美妙之處在於，你永遠不會真正「從零開始」。每個人都有一些既有的知識，才能往上加入新的——老師也是。連結新、舊知識有兩項功能：讓人們更了解並記住新的訊息，同時提供老師正確評估學生的機會，了解他們現在的理解程度是否有落差。

　　只有在知道目前所在位置的情況下，實際的地圖才能發揮作用，同樣地，除非知道學生開始的位置，否則無法為他們設計路線。透過簡單的問答，可以評估學生的知識，判斷出他們的出發點。他們知道和理解什麼？他們對未來的道路和最終目標有何展望？他們認為自己最重要的需求是什麼，還有：為什麼？

　　讓我們舉個例子：想像你正在協助弟弟完成學校的物理作業。採取行動之前，必須先知道弟弟現在進行到哪裡。如果你能有系統地做到這點，便同時建立了今後大概的課程計畫。例如，你可以拿出一張紙，確實畫出心智圖，點出弟弟不懂的地方。

　　在心智圖的中心，可以寫下「第九章」或「磁

性」，然後畫出分支，指出關於這主題必須理解和整合的各個面向。如果可能，請在主題之間畫出連結，讓人知道它們相關。一旦勾勒出大概的心智圖，就會看見實際的落差。你可以要求弟弟列出最困難、最有挑戰性的部分，並請他告訴你，他認為哪些部分相對簡單，還有哪些部分他已經懂了。

只要這樣做，你就為自己照亮了前進的道路。你能否畫出一條從已知到未知的路徑，並找到方法，一步一步慢慢來？你可能會注意到，學生缺少前幾章電力的概念，這部分理解不足，所以他很難掌握當前主題的某些概念。

許多人懶得畫心智圖，覺得心智圖太簡單、毫無意義，然而心智圖的簡單就是其力量所在。有時，除非真的把想法寫在紙上，否則就是看不到連結或關聯。心智圖上不只包含尚待學習的部分，還需包含已學會的部分。這樣做會幫助你看見需要加強、加深的地方，也會讓你開始組織實行的計畫。

簡短地問過弟弟，知道他覺得哪個部分很困難後，你理解他在掌握磁性概念上遇到難題、對電荷的知識不

夠完整，而這都是因為沒有正確理解電子結構，也就是原子的電子及其總電荷之間的關係。

知道了這一點後，你便規畫好以下路線圖：一開始，先加強對原子結構的理解，接著是電荷，然後一個個解決他在磁性方面的問題；從他有點懂的地方開始，慢慢來到最具挑戰性的部分。

心智圖對你們兩位都有幫助：他能更掌握問題並加以解決；你可以更有組織並保持專注，一路引導他邁向最終目的地。老師和學生都能理解，自己正在處理的知識或技能有限，而且也知道該如何融入更大的架構。學生之所以會放棄，通常是因為他們不知道自己哪裡不懂，因而無法有意義地將單一練習或解釋，連結到更大的藍圖，所以感覺一切毫無意義。

在整個過程中，舊知識被用來支援和引導出新知識。記得一開始，你一定要先詢問：「我們已經知道了什麼？」然後從那裡找到方向。一旦了解學生知道的部分後——心智圖可以助你一臂之力——你便能利用他們擁有的知識，進行有效的教學。方法之一便是，將學生確信的知識化為問題，做對的話，就是最好的方法；能

引起學生的注意、培養出好奇心，並激勵學生學習更多，讓他們發現自己不知道的事，以及他們認為，自己已經知道的事。

實際做起來會像這樣子。假設你正在教一堂國家和民族主義的課。第一天，你要求學生交一篇關於國家定義的簡短報告。下一堂課，你擷取最常見的回答，請學生詳細闡述想法，之後，你用他們的解釋指出問題所在。不是直接說他們錯了，而是指出他們擁有知識的不足之處。

例如，學生可能會說，國家就是一群住在某處的人。你可以反問，如果他們跟三五好友定居在某處，是否就可以把那個地區稱為國家？另一個學生可能會說，國家是一個相同種族的集體，於是你便可以指出，許多國家是由大約相同比例的許多種族所組成。請注意，你並不是說這兩個定義是錯的。事實的確如此，國家是由一群住在某處的人組成，通常是相同的種族。然而，這些定義不夠完整，透過問答就能讓學生澄清已經有的知識，並巧妙增加新的知識。

# 費曼學習法（The Feynman Technique）

　　能在學習時問自己問題，從已知走向未知，是後設認知（metacognition）的關鍵，也就是去思考思考本身。「精緻化詢問」（elaborative interrogation）則是一種問自己問題的方法，重點在於，能否看到片段訊息背後的全貌。

　　費曼學習法以著名的物理學家理查・費曼（Richard Feynman）來命名，是一種跟自己討論的方式。費曼學習法是一種心智模式（mental model），由諾貝爾物理學獎得主理查・費曼創造。費曼被譽為「偉大的闡釋者」（Great Explainer），因其卓越的論述能力而受尊敬，連量子物理學這麼艱深的主題，都可以跟幾乎任何人解釋清楚。在《費曼未收錄的演講：行星繞行太陽運動》（*Feynman's Lost Lecture: The Motion of Planets Around the Sun*）一書中，大衛・古斯丁（David Goodstein）寫道，費曼能用最簡單的話語解釋最複雜的概念，並以此感到自豪。費曼學習法源自於他在普林斯頓大學當學生時的學習技巧，並在擔任物理學教授和老師時加以改進。

這個方法讓你能夠衡量自己對特定主題的理解程度。善加運用費曼學習法，將證明你是否真正理解一個主題，或忽略了某些重要概念。費曼學習法幾乎適用於所有主題，它讓你發現需要修正的知識落差。

　　它甚至比兒童常用的「一連串為什麼」（why chain）還簡單。

　　費曼學習法有助於發現你無法回答的點──這正是它的厲害之處。你只需誠實回答對自己提出的問題，就會很快找出需將注意力集中在何處。費曼學習法的四個步驟如下。

### 步驟一：選擇概念

　　費曼學習法應用範圍廣泛，因此我們選擇了一個貫穿此單元的概念：重力。假設我們想了解，或向別人解釋重力的基本概念，或想測試自己對重力的理解程度。

### 步驟二：簡單寫下對這個概念的解釋

　　你做得到嗎？越簡短的解釋，做起來就越難。這是最重要的步驟，因為這顯示出，關於重力的概念，你真正理解和不理解的部分。若你能將訊息或主題精簡到兩

句話，讓五歲小孩也聽得懂，就表示你對這個主題有一定程度的掌握；如果辦不到，恭喜你，剛剛發現了一個知識上的漏洞。

回到我們正在討論的概念，你會如何定義重力？是被更大的質量吸引之物？讓我們往下掉的原因？或跟地球形成的原因有關？你能給出明確的定義嗎？或乾脆說：「嗯，你知道的⋯⋯這就是重力！」

你也許能解釋，受重力影響的物體會發生什麼事，以及零重力時會發生什麼事。你也許能解釋重力的成因，然而中間發生的一切，都可能是你認為自己知道，卻不斷跳過學習的部分。

你的解釋從哪裡開始分崩離析？如果無法完成這個步驟，很顯然，你知道的並不如自己想像的那麼多；而且，當你向其他人解釋時會顯得一團糟。如果你的解釋很冗長、漫無邊際且偏頗，也表示你所知有限。教導他人技能或訊息對你自己的學習而言，也會是一項強大的工具，這就是原因所在。它促使你重新審視自己已知的訊息，並將之加以整合，然後讓他人也能擁有完整的理解。

## 步驟三：找到你的盲點

　　若你在上一個步驟想不出關於重力的簡短描述，那你的知識顯然有很大的落差。在這個步驟，你應該研讀重力、認真學習，並以能夠簡單描述重力為目標。你可能會靈光一閃地想到：「造成較大物體吸引較小物體的力量，是因為物體的重量和質量。」任何無法解釋的地方，都是你必須修正的盲點。

　　能夠分析訊息並以簡單的方式拆解，證明你擁有知識並已經理解。若你無法用一句話或簡單扼要的方式總結，就表示你仍有需要學習的盲點。這是費曼學習法不容妥協的一面。

　　我鼓勵你花點時間，最好現在就試試看。你能嘗試解釋一個看似簡單的概念嗎？辦得到嗎？或是在過程中，揭露了你缺乏理解的部分？

　　例如，為什麼天空是藍色的？電視遙控器如何運作？閃電怎麼來的？雲是由什麼組成的？消化是什麼？這些問題你可能表面上都能回答，但是，然後呢？

## 步驟四：善用類比

最後，為這個概念建立一個類比。這個步驟的目的為何？這是步驟三的延伸。想在概念之間進行類比，必須深刻了解每個概念的主要特色，甚至將理解轉化為不同的背景知識。你可以把這個步驟當作一種測試，測試自己是否真正理解，以及你掌握的知識是否仍有盲點。

該如何用類比來形容重力？重力就像把腳伸進水坑裡時，水面上的樹葉因為腳的質量產生的無形吸引力而受到吸引，那個吸引力就是重力。

這個步驟連結新、舊訊息，讓你能依賴運作中的心智模式，更深入地理解或加以解釋。當然，若無法完成步驟二和三，就不可能做到步驟四；甚至有時候，就算能完成步驟二和三，也可能仍無法掌握步驟四，現在你應該明白了自己所掌握知識的侷限。

費曼學習法能讓你快速釐清自己確實掌握的知識，和你自認擁有的知識二者之間的差異，也能讓你加強知識基礎。當你不斷向自己解釋、簡化，然後發現自己辦不到時，便領悟了自己所知並不如同想像中的那麼廣泛。

## 發展概念圖（Concept Maps）

　　試圖理解認知盲點時，沒必要太執著於畫出正式的心智圖（mind maps）。在視覺和概念上組織資料的方式，通常取決於手上掌握的主題，心智圖並非始終是最合適的。但可以肯定的是，主題適合拆解成更小、更簡單的次單元，而各單元之間，彼此應有意義地產生連結。

　　你能想到，如何利用類別或步驟幫助你，更有組織地排列訊息嗎？你能透過不同的觀點，或根據不同層面或模式來理解主題嗎？什麼是必須先就定位的簡單概念，讓我們因而掌握更大、更複雜的想法？

　　舉例來說，若你正在教光合作用，就必須先理解過程中的化學作用，以及發生作用的細胞生理結構，才能理解光合作用的整個歷程。最後，你必須融合這兩種不同的面相。你的地圖或大綱，可能包含一個表格，上面清楚顯示發生的過程、順序，以及發生在細胞的哪個部分。這麼做，可以將你的努力成果組織起來；到了最後，你將會得到一個有用的總結，讓學生可以從中學習。

然而，若你在教別人如何從頭構思一個婚禮花束時，方法顯然會有所不同。有些技巧和知識，並非大家公認地具有學術性，但那並不表示，學生就不能從紙筆和有系統的方法中獲益。你可以跟學生一起坐下來，建立一個大概的心智圖。首先，勾勒出整體目標。然後，將元素分解為合乎邏輯的建構序列。首先，繪製出花束的「骨架」，並加入對比的枝葉；然後，以 Z 字形加上較小的輔助花卉，再接著放入重點的花種，並以此類推。

你的地圖應該清楚顯示各個小單元之間的連結或關聯，讓學生得以將一切拉進一個統一的整體。教學時，繪製有效的「地圖」，並沒有標準的公式或規則，畢竟教學的可能性無窮無盡，而每一個都是獨一無二。然而，下次當你想要更有方法地仔細教導別人時，不妨問問自己以下的問題：

- 你是否確實將新的訊息分解為可以理解的小組塊？可以再更進一步拆解嗎？

- 你是否清楚說明，這些組塊之間的連結和關聯？例如，是否解釋了它們之間的層次結構？

- 是否盡可能地簡單明瞭？

- 你的地圖是否有具體走向，你的腦中是否有個固定的終點？

- 你是否看得出，每個小單元和終點之間的關聯？

- 計畫和實際是否有落差？換句話說，你是否有假設，學生已知的部分到哪裡？

- 你是否將學生已知的內容包含在教學中？你是否連結了已知和未知的內容？

　　若你讓學生自己發展出類似的地圖，他們會集中注意力在必須專注的領域上，而且還會提供你測驗或考試的方向。嘗試建立地圖本身，就是一個學習經驗；在糾正、微調地圖的同時，你就可以展開教學。畢竟，很多學生遇到的問題不是教材本身，而是如何將個別訊息整合成一個整體。

　　概念圖是無價的。你可以利用概念圖，讓學生自己產生假設，並加以測試或預測結果。地圖可以幫助他們建立疑問，並引導他們前進。地圖可用來鞏固理解和加

強技巧。就算主題不實用，學生也能進行思想實驗，或提出假設性問題——這是探究式教學的一種變體；學生可以利用地圖創造出自己的問題、自己的答案，以及獲得答案的方法。

　　舉例來說，你可能正在教某人如何焊接。這時，地圖的一部分便包含：焊料實際組成的細節以及原因。學生看著地圖便可以做出預測：改變焊料的組成，可能使熔點產生變化，並影響到焊接方式。他們可以自行測試並看結果如何，以及用不同的基材，是否持續產生變化？事實上，藉由這樣的嘗試，學生是在教導自己釐清材料的組成、熔點和焊料特性之間的關係。

　　這就是整合教學或情境教學通常如此有效的原因——它讓我們能在鬆散的訊息碎片之間，輕鬆快速地建立起有意義的連結。我們不只知道某件事，而是徹底理解。舉例來說，下次學生面臨糟糕的焊料時，便可以更準確地診斷出問題，甚至根據外觀，猜測出焊料的組成。他內化自己的心智圖，並在沒有老師的協助下，自行確定主題的方向。如此一來，便將我們巧妙地帶到建立連結的重要層面：善用類比能力，將更有助於理解。

## 充分使用類比

除了利用各種類比提高記憶力之外，你也可以採用一些有科學依據的秘訣，進一步提高類比對學習的成效，秘訣如下：

### 1. 針對同一主題使用多種類比

學習時，使用不同類型的類比，更能確保你掌握學習內容，而不僅是表面的理解。類比驅使你進行心智上的轉移；並根據使用方式，挑戰你對關鍵概念的理解。一般來說，最好盡量使用跟主題相關的類比，而且越多越好。

例如，假設你正在學習自由主義的理論，首先可以使用的類比是反義詞。若熱和冷是兩個相反的詞，那什麼是自由主義的反義詞？答案可能是共產主義或保守主義。接著，我們可以利用舉例／類型（example / type）來類比。自由主義是政治意識形態的一種類型，同理，iPhone 則是智慧型手機的一種類型。

我們可以嘗試的第三種類比，則是事物／特徵（thing / characteristic）。若說音量是喇叭的特色，那

自由主義的特色為何？其中一個答案是人權。同樣地，你可以為自己的概念和主題建立更多樣性的類比。

## 2. 利用範例加強學習

這個見解來自於丹尼爾．施瓦茨（Daniel Schwartz）和約翰．布蘭斯福德（John Bransford）的研究。範例的使用相當重要，因為新手和初學者能透過對範例的理解來學習。專家可以省略範例，因為他們很熟悉主題。然而，多數情況下，範例的確可以幫助你理解複雜的想法，並作為更有效記憶的工具。

若你正在研究倫理體系，請思考，它們是否適用於不同情境。你不想在跟朋友說話時，可以跟朋友說謊說，你很忙嗎？為什麼可以，或為什麼不行？若你必須把一個餡餅分給三個人，最公平的切法是什麼？像這樣的範例都會讓學習更有趣，因為它們讓枯燥的內容顯得更為真實，而且和周遭世界息息相關。

## 3. 記得類比的目的

使用類比會讓人很容易機械式地理解特定概念，但卻會忘了類比最初適合的原因。例如，學生被問到粒線體是什麼時，會回答說：「細胞的發電站。」因為這是

生物教科書上的標準類比。然而，很多人記得這個比擬，卻不理解「粒線體是細胞的發電站」究竟是什麼意思。

避免這個問題的方法，就是建立自己的類比，並清楚指出對比的目標或角色。舉粒線體為例，要思考它是滿足了何種功能，才能成為細胞的「發電站」──它必須提供細胞「電力」，更精準地來說是「能量」。

你可以做的另一件事就是列出類比的缺點。「發電站」的比喻暗示著，粒線體只是儲存能量；然而事實上，粒線體負責提取、處理並釋放能量給細胞。你要記住，光是類比並不夠，你必須知道這個類比為何適用，而這些只是其中的幾個方法。

## 4. 將類比用在更複雜的概念上

雖然學習過程中，會很自然地想用類比，然而我們建議，將其保留到更複雜的概念再來使用。在簡單的概念和訊息上貿然使用類比，反而經常導致學生精神混亂並造成干擾。

當某件事很容易理解時，就不需要為了更好記而加

以拆解。把你的精力放在更複雜的概念上，尤其，在為了同一個概念使用多種類比時。

把你用過的所有類比列成一張表，列出每個類比的缺點，也可以利用視覺提示。根據多媒體學習理論，善加利用視覺和文字提示，有助於增強記憶和理解力。在學術性類比格式的左邊，可以用比較的方式呈現類比。這會讓類比主要內容之間的關係更加清楚，而不需花太多時間一再重讀。

## 類比思考（Analogy Thinking）

接著，我們將更深入地繼續了解關於類比思考的特定類型。

當他人對這個領域一無所知時，你要如何向其解釋一個新的生意模式？「這就像是 X 版本的 Uber，但沒有 A、B 和 C 版本。」

當我們試圖讓自己明白一個想法時，經常不自覺地使用類比。類比提供即時的理解和參考，讓我們的思考集中在單一概念上，然後慢慢做出區分，直到理解為止。

當然，透過類比連結新的概念和訊息是很棒的方法，讓人能將學習成果深植於知識庫中。儘管我們天生就習慣類比，不過，類比作為人類認知重要的一環，卻經常被低估和忽視。與此假設相反的是，有些神經科學家，例如印第安納大學教授道格拉斯‧霍夫斯塔特（Douglas Hofstadter）主張，類比是人類所有思想的基礎。

他的論證是，類比讓我們理解分類，分類是我們辨別訊息和概念的依據。辨認相似性的能力——一種產生類比的形式——讓我們能分辨出相似之處，並得以運用不同的方式將物體分類。

想想看，我們是如何將動物分類的？如此，你便能理解箇中原因。在未經訓練的人眼中，狗和貓可能看起來很像。牠們都有毛，有四隻腳和一條尾巴，但牠們的臉孔、飲食、行為和演化歷程卻不一樣，因此我們得以區分出兩者的不同。牠們是類似的動物、彼此相仿，但更接近自己的物種，這讓我們能將其放在各自狗或貓的類別。這意味著，我們永遠不會用狗的特徵來描述貓，反之亦然。

許多更複雜、更高階的想法，都是透過類比形成。想想看，更抽象的哺乳類動物吧。哺乳類把狗和貓視為類似的動物，但也包含各式各樣的動物，包括：鴨嘴獸、海豚和負鼠。雖然沒有人會在看著海豚時認為牠跟家貓很類似，但科學證據就是一翻兩瞪眼。有哺乳行為、頭髮或毛皮，而且是恆溫動物；只要符合這些標準，就能歸類為哺乳類動物。如果牠們有這些共同特徵，就是哺乳類動物。

將這些標準集合在一起，我們便能形成哺乳類動物這樣的高階觀念，進而分辨出哪些生物符合要求。我們將這些標準簡化為哺乳類這個詞彙，進而能把海豚和鴨嘴獸視為類似的動物。

我們對世界的理解，以及用來描述世界的類比，會隨著年齡增長而進化，並受到生活和文化中的觀念影響。然而，無論我們學到了什麼，都必須透過大腦來分類過濾，並透過在物體和概念之間形成類比、區分不同來理解世界。當我們學習新訊息時，有意識地區分不同的元素並建立類比，便加速了將新知識整合進大腦的過程。

現在，我們已理解了整體的認知作用和類比的重要性，那麼，要如何運用在自學和更有效的理解上呢？正如前面提到的，類比能提供立即的參照——為你正在理解的訊息，提供一個心智模式——然後你就能慢慢區分，並加以充實細節。

舉例來說，稍早我們提過，新的企業常被形容為「X 版本的 Uber」。Uber 是一間共乘公司，運作方式是藉由呼叫非計程車的駕駛，使用私人汽車提供載客服務，因此被稱為「X 版本的 Uber」。這暗示了其涉及自用車駕駛、運送物品或載送乘客。好的，我們現在有了一個心理形象——了解鎖涉及的內容、目的為何，以及它如何運作。

現在重要的學習部分來了——要如何區分這個新的生意模式和 Uber？是什麼細微的因素讓它顯得如此特別，而不只是 Uber 的複製品？嗯，這個元素以及你要拿什麼來跟新的商業模式做比較，都由你來決定如何表述。當你接收一個新訊息，並刻意設法創造類比時，你應該：(1) 透過充分的理解，找到類似的訊息模型，然

後進行兩個概念的比較或對比，以及：(2) 進一步瞭解這兩個模式，並足以說明它們的不同之處。這就是深度綜合學習。

例如，學習制定新法條的步驟時，該如何建立類比？遵守以上兩個步驟。先找到一個現有、熟悉的資訊，是在立新法的過程中會經常想起的。在你的記憶庫中，搜尋類似的東西；這種對主要和次要因素的分析，將有助於你的學習。

接下來，比較看看它們有何不同？在深入理解的基礎上，你可以清楚分辨兩個概念的不同。挑出小細節，並留意它們看似相像，但卻完全不同的立法動機。記錄這一切對新立法代表的涵義。

這不僅是比較兩個不同概念的思考練習——也是新、舊訊息的連結，促使它們產生互動，進而達到更好的理解和記憶效果。

- 優秀的老師懂得「看見前方的風景」；他們對學習領域的理解使其能定下目標和標準，設定任務的優先順序，並衡量學生目前的理解程度。

- 概念圖是複雜內容的簡化模式，讓不同概念之間的連結更清楚。概念圖可由學生、老師共同繪製，一起衡量知識落差、計畫課程、學習課程，並評估學習成效。

- 概念圖由簡化的訊息組塊組成，強調彼此的關聯或連結。一個好的概念圖是相關、簡單且準確的，並建立於現有的心智模式和知識上。

- 一旦確認學生已知的部分，下一步就是計畫如何利用它。在某些情況下，這會很簡單，因為你只需教他們某些概念，幫助他們理解你一開始想教的主題。你也可以結合概念圖和探究式教學，將學生已知的部分轉化為問題，引起他們的好奇心，使其渴望了解更多。

- 費曼學習法是一個「掌握大方向」的技巧，讓老師跟學生都能找出自己心智上的盲點。首先，用提出問題的方式確定概念，用簡單的文字寫下解釋，然後找出解釋不適用或資料遺漏之處。然後，利用類比的力量填補空白，也就是利用既有的心智模式，幫助理解新的內容。

- 類比可以幫助學習，因為它連結了新、舊知識。類比可以是反義詞、類型或特徵，根據已經理解的概念，來表達出新概念的特質。盡可能多用類比會達到最佳的效果，並促進高階的抽象思考。

Chapter 3

# 基本要領

前面的章節涵蓋了基本原則和理論方法，閱讀後或許你已躍躍欲試，想挑戰成為最佳老師的任務。你可能已詳讀所有內容，卻好奇實際去做的成果如何。本章中，我們將深入研究教學的實踐，並分享如何將常見的方法和技巧應用在教學上。無論你是老師、學生，或兩種身分兼具，閱讀本章時，請記得教學技巧並不會因為身分而有所不同。

基本上過程是相同的，只是從老師、學生兩個不同的面向觀察；越瞭解這兩個不同視角，你的收穫就會越豐富，無論是你自己正嘗試了解 XYZ，或正在幫助別人了解它。事實上，許多教師培訓課程會刻意讓實習教師練習扮演學生的角色，如此一來，他們便可以更了解學生「另一邊」的想法，也能更有效地跨越鴻溝。現在，我們就開始吧。

## SQ3R 學習法

對多數學校科目而言，教科書與老師講課、課堂討論，一直是學習計畫的核心。老師一整年的課程計畫，通常取自於至少一本教科書的結構和順序。教科書的體積通常都很驚人，一大本書乘以學生一整個學期修的

課，得到的就是一個嚴重超重的背包——幾乎和老師的期望一樣沉重，他們希望你能仔細閱讀每本書。

教科書內容豐富、詳細，有滿滿的注釋，而且很厚。容易讓人聯想到學生熬夜苦讀的形象，學生闔上一本三四九頁的鉅著後感到疲憊不堪，而且隔天一早就無法想起今晚所讀的任何一個字。

就此現象，美國教育學家法蘭西斯・P・羅賓遜（Francis P. Robinson）想出了一個方法，想幫助學生真正理解文本內容——以及他們正在學習的科目。羅賓遜找到更積極閱讀的方法，幫助讀者創建動態參與，讓書中訊息能停留在腦海中。

傳統的課堂設置，對於閱讀和複習來說未必最有效，但卻是多數人唯一知道的模式。羅賓遜的方法更有效率，不僅適用於閱讀上：整個學習計畫都可以採取羅賓遜的方法，也能運用在自學上。這個技巧稱為 SQ3R 學習法，以其五個步驟進行命名：

1. 概覽（**Survey**）

2. 發問（**Question**）

3. 精讀（**Read**）

4. 背誦（**Recite**）

5. 複習（**Review**）

## 1. 概覽

　　學習法的第一步是獲得閱讀內容的整體印象。小說或敘事文學，只要從頭開始讀，就能一章接著一章順利讀下去，但教科書和非小說作品並非如此。非小說作品有清楚、好記的訊息要傳達，並建立在每一章的順序中。若沒有先瀏覽一遍就貿然投入，只是盲目開始，渾然不知前進的方向及想完成的目標。在深入研究之前，應該先了解當前的情況。概覽能讓你掌握主題的概要，建立和塑造你想透過閱讀此書達到的目標。

　　就像公路旅行開始之前，你會將全部的地圖看過一遍。此時你還不需掌握全部的知識，但要以整體互相融合的概念來理解一切；這有助於你處理小細節，在遇到難題時也不至於手足無措。感到困惑時，至少知道必須前進的方向。

在 SQ3R 學習法中，概覽意味著檢視作品的結構：書的標題、引言或前言、單元標題、章節標題、大標和副標。如果書中有照片或圖表說明，可以先看過一遍。你也可以記下書中慣用的語法，作為閱讀時的引導：字體、粗體或斜體以及章節目標和研究問題（study question）。在進行概覽的步驟時，可為即將閱讀的內容設定期望值，並給自己一個初始的架構，讓自己在閱讀教材時能建立目標。

例如，假設你正在閱讀一本書，想學習到更多的地質學知識。我手上有一本約翰・S・薛爾頓（John S. Shelton）所寫的《圖說地質學》（*Geology Illustrated*）——這本書已經出版將近五十年，而且已經絕版，不過拿來舉例仍然適用。

序言說明了書中內容以及插圖排列的方式。目錄範圍非常廣泛，分成好幾個單元：「物質」、「結構」、「地形刻蝕」、「時間」、「案例研究」和「同期顯微共生」，說明這本書會從具體的地質元素開始，接著提到地形如何隨著時間形成、之中的重要事件，並預測未來的變化。這本書的架構相當清楚。

每個單元分成數章，再進一步分為數不清的大標和副標——族繁不及備載，但更細微地概括了每個單元會深入探討的內容。概覽時，你掌握了內容的重要性，能立即進入狀況。兩者不同之處，在於只是觀察單一齒輪獨立運作，或觀察齒輪位於時鐘複雜構造的何處，以及如何運作。

除了書本之外，你還應該概覽所有學科的重要概念。若找不到像書的目錄那樣結構清楚的，則必須建立一個自己專屬的列表。是的，這個部分很難，但一旦列出所有概念並了解它們表面上的關聯，你就已經領先其他人了。利用概覽建立學習內容的計畫大綱。某種意義上，更像是為自己策畫了一本隱喻上的「書」。

你想建立學習計畫的內容大綱。你正靠自己的力量進行研究，然而，在需要知道的內容方面，你的認知可能有所落差。因此在這個階段你必須決定，自己真正想要了解什麼，越仔細越好。例如，如果你想學習關於心理學的一切，那就會花上很漫長的時間。所以可以把範圍縮小一點：精神分析的早期歷史、西格蒙德·佛洛伊德（Sigmund Freud）和卡爾·榮格（Carl Jung）的著作、運動心理學、發展心理學——可能性相當地多。

你需要留意不同來源的詞語或概念，它們代表經常出現在這個領域的元素，而且可能是你必須知道的事情。在深入研究概念的細節前，畫出彼此的連結和因果關係。

例如，假設你想學習歐洲電影史，在 Google 搜尋引擎輸入「歐洲電影史」，就會出現很多有趣的結果，有些可以用來建立你想要的大綱。

你可以在 Amazon.com 搜尋，找到看起來最權威的閱讀資料。網路電影資料庫（IMDb）可以幫你找到最重要的歐洲電影，還能在線上觀看。你會發現哪些歐洲導演最常被讚揚、看似最重要且最具有影響力。你可以研究哪些歐洲電影得到最高的評價及其原因。你可以收集資訊，了解哪些國家曾有過哪些電影浪潮及背後的原因。

然後將這些資源組織起來。想出一個研究各個面向的計畫——或許先閱讀歐洲早期電影史書中的一章，然後看幾部你正在研究的，那個年代的代表電影，之後給自己一個影評作業。把重點放在收集、組織；還不需要正式接觸這些資源。重要的是在深入研究之前，你調查

過這個主題，因此你了解正要進入的領域及原因。

## 2. 發問

在 SQ3R 學習法的第二階段，還不需要一頭埋進資料。在發問的階段，你會稍微深入一點，讓心智準備好專注在閱讀資料上並產生交流。你會更仔細地觀察這本書的結構，並形成想回答的問題，或設定出想達成的目標。

在讀書的發問階段——或者更準確地說，是在準備閱讀的此時——你會仔細閱讀章節標題、大標和副標，並以發問的方式重新敘述一遍。讓作者提供的枯燥標題變成挑戰或有待解決的問題。例如，若你正在讀一本關於佛洛伊德的書，可能會有一章的標題是「佛洛伊德夢境分析的基礎」。你可以把標題改寫為「西格蒙德·佛洛伊德對夢的解析如何開始？促使他研究這個主題的最初想法為何？」你可以把這個問題寫在書本的空白處。若你正在閱讀一本教科書，章節結尾有附上研究問題，那將提供完美的引導，幫助你找到答案。

在地質學書籍裡，恐怕沒有太多章節標題可以讓我改寫為疑問句（「風化」、「地下水」、「冰河期」

——僅此而已）。但內文標題可能有所幫助：例如，「沉積岩的變質作用」可以改成「經過億萬年的環境演變，地底岩石會發生什麼變化？」我不僅把它改寫成問題，而且在開始閱讀之前，就已經把標題改成我能理解的文字。

現在，你已為學習計畫組織好資源，接下來可以將想涵蓋的主題，轉化為想回答的問題或想達到的目標。根據列出的資料來源和你觀察到的模式，你想在學習中找到什麼具體答案？寫下來。這也是提出計畫的好時機，能幫助你回答自己的問題——每天寫日記，幫自己安排小考，形成某種「知識追蹤器」？不必現在就回答我——你只需要知道，實際進行時會怎麼做記錄。

在歐洲電影史的範例中，即使在概覽階段只做了最粗略的調查，你也一定看過這些導演的名字不只一次：費德里柯‧費里尼（Federico Fellini）、尚盧‧高達（Jean-Luc Godard）、路易斯‧布紐爾（Luis Bunuel）、弗里茨‧朗（Fritz Lang）等等。你猜想，他們是必須認識的重要人物，於是你提出問題：「為什麼費里尼這麼有影響力？」「布紐爾的導演風格為何？」「高達拍攝電影時追求的主題是？」你可能發現了歐洲電影常見的

概念或主題——例如：「法國新浪潮」、「二次世界大戰」、「新寫實主義」。把這些作為研究目標，並安排在你的大綱中。

## 3. 精讀

在這個階段，你終於準備好投入到資料中。你理解目前的情況，也建立了問題和學習目標，當你終於坐下來閱讀時，多了一些參與感。你會針對自己提出的問題尋找答案。在真正開始閱讀前，制定和組織計畫可以促成對學習的期望，但這種做法的效果卻常被低估：你在資料中尋找了好長一段時間，因此渴望終於有機會深入了解，並回答一直以來，腦中所累積的問題。

因為缺乏基礎且抱有不合理的期待，很多人在這個步驟的開頭經常遭遇挫折。

現在，你小心謹慎地調整閱讀步調，讓自己能更理解內容。這意味著要放慢速度——很慢很慢。對教材和自己都要有耐心。如果文章段落難以理解，閱讀時請放慢、再放慢速度。若你不清楚某個部分，就停下來，回到一開始，再重讀一次。這不像在閱讀一本讓人愛不釋手、引人入勝的小說，你正在接收密集的訊息——緩慢

而專注地閱讀，一次一個單元。

　　閱讀是學習計畫的一部分，視覺輔助、線上課程和網路資源也是。善用這些資源，就像在精讀階段善用書本一樣：刻意、堅持，抱著完全理解每個概念的目標。如果你迷失了，記得倒轉按鈕和滑鼠滾輪是你的好夥伴。規畫你的學習時間，盡可能達到完整的理解標準。

　　歐洲電影史的例子就是最佳示範。記得運用批判的眼光來看電影。有時候你可能想要倒轉，捕捉相關的視覺影像、對話或動作。如果你看的是有導演解說配音的影片，那會花上你一整個下午。將電影和你正在閱讀的書或正在上的線上課程交叉比對，回答自己的問題或整理思路。

## 4. 背誦

　　對於處理正在學習的訊息而言，這個步驟十分重要，而且是閱讀作為學習或娛樂二者之間最大的區別。現在的你已經熟讀資料，而背誦階段的目標則是調整心智、集中注意力，讓學習效果更為全面。換句話說，這個步驟就是字面上的「背誦」之意。

提出問題——大聲地說出來——關於你正在閱讀的內容。在文章空白處做大量筆記，畫線或把重點標示出來。除了用嘴巴背誦，書寫也可以達到同樣效果，重要的是，用自己的話把重點說一次，而不只是把書上的句子抄到紙上而已。藉由這個步驟，你正在將接收到的新知識，轉化成你知道意思的話語，讓訊息被以更容易理解的語言掌握住，這對你來說更有意義。

我的地質學書的頁面兩邊，剛好都有很寬的空白處，讓我有足夠空間改寫重點，並在重要概念處畫線。例如，原本的文章提供參考如下：

丘陵和高山的侵蝕過程緩慢，而生活中岩石的變化快速、肉眼可見，但兩者之間是類似的。

我把上面的內容改寫成以下文字：

高山和丘陵歷經了如低地和河流般的衰退過程，只是更加緩慢。這個過程說來跟棒球選手很類似。

我把單一訊息分成兩個不同的句子，其中之一是我自己想到的。這對記憶來說是很有用的工具，也能讓訊

息之於我個人而言更具意義。我也增加了棒球的元素，因為我喜歡棒球，當我回過頭來看這段文字時，棒球的比喻會讓這個概念更容易立即理解。在閱讀整本書時重複這個技巧，會讓你的學習能力與效果加倍。

背誦階段有助於組織學習，而且各種媒介都能發揮效果，有很多方法能用來表達問題和重新闡述。

回到歐洲電影的例子，若你正在看英格瑪・柏格曼的《第七封印》（*The Seventh Seal*）[2]，可能會寫下和聖經典故、藝術走向、中世紀背景或攝影相關的問題。你也可以寫個摘要，或製作一個跟電影有關的影音部落格，並處理和問題最相關的重要順序。你也可以將這部電影和柏格曼的其他電影進行比較，或註明他和其他你正在研究的導演風格類似之處。

重點是：花時間改寫和背誦新的知識，並讓這一切對你來說有意義──而不是對別人。

---

[2] 電影簡介：中世紀的騎士遇見死亡天使，透過試圖和他下棋來爭取時間。

## 5. 複習

　　來到 SQ3R 學習法的最後階段時，就要去回顧學習過的教材，重新熟讀重點，並培養記住內容的技巧。

　　羅賓遜將這個階段拆解成一週的特定幾天，但我們只會提到大概的策略，包括針對畫重點的部分寫下更多問題，可以的話，口頭回答其中一些問題並複習筆記，然後為重要的概念、術語製作字卡（flashcard）；用自己的話重寫目錄，然後建立心智圖。任何能幫助你深入探討、吸收，並將訊息牢牢記住的練習，都是完美的做法（其中以字卡特別有效）。

　　這個步驟是為了加強你對教材的記憶，但效果卻遠大於此。複習可以幫助你看清不同概念之間的連結和相似處，而且有些概念可能是你一開始沒注意到的地方，並把概念和想法融入到更大的脈絡。複習也能改善你的心理組織能力，有助於將這樣的練習運用在其他主題上。

　　把這一步看作是概覽步驟的自然延續。此時，你腦中已有該領域的輪廓，你已經進入到事情的核心，現在應該往後退一步、重新評估，並制定出更即時、準確、

深刻的連結。和你的記憶配對，然後通往自學和專業知識的道路，就已經變成一條更為快速的捷徑。

我的地質學書中，不乏可以放進字卡的術語。「單斜層」、「層理」、「冰川沖刷」──現在就拿出你的麥克筆。但我也可以繪製出冰川作用的流程圖或其他視覺媒介。我可以做出地球年代時間表，對照每個年代發生的重大地質變化。我也可以記下提出的問題，可能是書中未解的謎題，或讓我想更進一步探討的部分。

你可以利用複習階段的元素，以同樣方式進行學習計畫。在歐洲電影的例子中，可以製作歐洲電影導演的目錄或資料庫，概述他們的作品、主題或他們的風格選擇。你可以編製字卡，幫自己回想不同電影流派的重要面向：「新寫實主義」、「鉛黃恐怖片」、「義大利式西部片」、「法國視覺系電影」。你可以將學到的內容記錄下來，用書面形式或視覺表達皆可。

SQ3R 學習法並不輕鬆，它是全面且詳細的，需要耐心和敏銳的組織來完成。但你如果願意給予耐心和付出，認真緩慢地踏出每一步，將會發現這相當有助於處理複雜的主題，而且每一次都會比上一次更容易一點。

在解釋 SQ3R 學習法時，我們理解了組織和筆記的作用，及它們對自學的影響。畢竟你不能只在大腦中組織一切，並奢望這會很有效。當你最終必須將學習或組織的內容寫下來時，有個明確的筆記方法將非常有幫助。

## 布魯姆分類法（Bloom's Taxonomy）

另一個有用的工具叫做布魯姆分類法，由班傑明·布魯姆（Benjamin Bloom）1956 年創建（2001 年修訂），作為評量大學生學術表現的方法。布魯姆分類法一直是學術機構安排課程框架的主要基準，用以確保學生都能有全面的理解。布魯姆分類法是個循序漸進的準則，它針對不同目標，讓我們知道加強理解時所要具備的條件。

布魯姆分類法指出，針對最高等級的學科理解（即專業知識），我們必須能夠達成六個連續的等級。多數人永遠也不會成功通過分類法的所有層次，所以別讓自己也落得如此下場。從最低到最高的理解程度，現今分類法的等級如下：

- 記憶（Remember）

  從長期記憶中提取、辨識、回想起相關知識。

- 理解（Understand）

  透過理解、舉例、分類、總結、推論、比較和解釋，從口語、書面和圖形訊息來建構意義。

- 應用（Apply）

  實施或利用步驟來執行或落實。

- 分析（Analyze）

  透過區分、組織和歸因，將教材拆解成各個部分，並確定各部分彼此的關聯性，以及跟整體結構和目標之間的關係。

- 評估（Evaluate）

  透過檢視和評論，根據條件和標準做出判斷。

- 創造（Create）

  結合所有元素，形成一個連貫性或有功能性的整體；透過發想、計畫或製作，重組元素並將之變成新的模式或結構。

一旦達到「創造」的最高層次，就表示你對一個主題有很深入的了解了。假如沒有透過分類法推進每一等級，便無法充分執行下一個等級。這在我們每天的生活中隨處可見，當某人對一個主題沒有足夠的理解，卻對其進行評估並做出判斷──那就是他沒有遵循分類法的規則！

　　布魯姆分類法是個相當有用的工具，能幫助指導和塑造學習過程。基本上，分類法是一份清單，列出如何積極累積教材上所寫的專業知識。它把重點放在建構和分析訊息的心智過程，每個動詞即代表一種心智工具，讓你能掌握和操控剛拿到的資料。布魯姆的架構很棒，因為它用途廣泛，幾乎可運用於任何地方。在課堂上、工作中，或設計自己專屬的系統以實現個人目標時，分類法都能提供快速上手的學習方法。

　　整個分類法奠基於學習的心智過程，並在最後做出一個完美的總結。在**理解**一個概念之前，必須先**記憶**。為了將概念加以**應用**，必須先**理解**。為了**評估**過程，必須先**分析**。為了**創造**準確的結論，必須先完成徹底的**評估**。你面對的挑戰，在於思考和理解自己目前位於分類法的哪個階段，如此一來才能確定，你還需要什麼條件

才能邁向精通之路。

讓我們更深入地研究每個元素吧。

首先，**記憶**包含下列元素：傾聽、查找資訊（或許利用 Google 搜尋引擎之類的工具）、主動記憶資料、標記重要訊息以利於日後查看、重點畫線以利於日後整合，還有不斷重複訊息，並加以鑽研。

這個階段是吸收訊息並加以整理，以便儲存和日後提取。如果你是那種喜歡在未來想閱讀或觀看的內容上，廣泛標記書籤和做筆記的人，這麼做就是在積極幫助記憶。每次製作表格或把訊息整理成容易記憶的條列式重點，都是在幫助長期記憶記住訊息。記憶包含了整理重點及引述的概要，或定義主要概念，以便日後回想。當你為了考試進行複習時，就是在利用這些技巧。

當我們更積極地參與時，就會產生出對訊息的**理解**。若說記憶是將訊息具體化並加以保存，理解就是拆解訊息並觀察其運作，就像有些人會拆解家電一樣！將資料分類（就像我們在這裡做的一樣）、將訊息分解成組塊、從資料推斷和預測未來事件、總結，還有用不同

的話來解釋，這些都是認知操作，目的是為了理解一系列象徵或模式其更深層的涵義。

要求學生「用自己的話」寫下來的老師，不是想測試學生的記憶；而是想測試學生的理解程度。如果你深入理解一件事，你就可以掌控它，無論其組成如何重新排列，或用什麼象徵來表達。若你曾經嘗試解釋某個複雜的概念，對象是不熟悉這個概念的人，那你可能會發現，給他們一個相關的例子將很有幫助。你可以從他們更容易理解的概念中勾勒出一個比喻，讓他們理解二者之間的關係。這種關聯和連結是深入理解一個主題的發展關鍵。

第三個類別層次是**應用**。廣義上來說，無論透過執行、繪圖、行動或表達，都在這個階段訊息被帶入「真實的世界」並更加彰顯。你可能已經注意到了，許多術語跟其他類別層次的動詞有顯著重疊——顯然就該如此。或許你認為，大腦從未真正執行個別的活動，而是以連續的動作流動著；然而為達目的，我們正嘗試理解使用不同的模式。

事實上，布魯姆的動詞分類法本身就是一個「應

用」的形式——它以圖表或具體的方式呈現訊息——也就是說，應用抽象概念來體現一個模式、想法或概念。繪畫、準備、展示、重現，甚至演奏都是跟分類法的這個類別層次相關的動詞。當你為了說明資料而製作圓餅圖，並將計畫變為現實，或設計一個實際進行的實驗時，都是在「應用」。

第四個類別是**分析**，不須多做解釋。此類別層次的動詞包括：提問、解釋、組織、解構、聯繫和計算，我們必須積極操作和掌控訊息，不只是換種形式來傳遞，而是仔細檢視訊息的組成並嘗試了解。布魯姆的理論本身就是評價和分類的最佳例子。當你畫心智圖時，在整合一個又一個的想法時，拆解機器的零件時，或是詢問：「為什麼會這樣？」的時候，你都在參與這個過程。

第五個元素是**評估**，只要針對眼前的資料採取價值判斷，這個動詞就包含在這個類別層次中。在上一個層次中，分析是價值中立的，而且只跟理解有關。然而，這個層次涉及諸如：批評、分級、思考、評論、評估和驗證。這個階段，我們的大腦練習的是洞察力——以及權衡與既定目標相對的訊息。實驗結果的成效如何？正

在評估的主張，其品質和真實性為何？你的表現如何？要如何撰寫或編輯，才能將所有訊息整合成一個言之有物的結論？

最後一個動詞類別是**創造**。到了這個階段，我們已經跟訊息建立了基礎關係：我們辦到了！製作樂曲、融合已知事物並創造新事物、拍攝電影、編寫劇本，以及扮演人物角色，都是很有創意的方式，它能融入訊息並創造出新東西。可能是你從沒想過的創意嘗試，包括：程式設計、系統設計、將素材改編成另一種形式，甚至是製作 Podcast、經營部落格。有趣的是，布魯姆分類法可以引發更多創意，因為領導力通常會引導人們邁向一個全新的願景。

同樣的，這些動詞和其他類別層次總會有所重疊——重點不是去分清楚每個層次，而是將這種模式視為工具，幫助自己善用訊息，並從不同角度觀察。就像擁有一個工具箱，但你可以戴上不同顏色的眼鏡，在不同光線下查看相同的訊息。在試圖學習和記憶時，你是否積極謹慎地處理訊息，將會導致很大的差別——不是只採取一或兩種方式，而是盡量使用很多種方式。如此一來，資料彷彿活過來了，變得更為立體，讓你能深入理

解，而且記憶能維持地更久，不只停留在淺薄的印象。

　　每當你在學習新事物時，可能會在書上的文章畫重點，以便於自己總結（記憶），然後用自己的話改寫那段文字（理解）。之後利用你的理解來建立圖表或示意圖（應用），然後花時間拆解那張示意圖、提出疑問，並連接到你做的其他示意圖（分析）。問問自己，做了這些步驟後，這些方法是否有助於記憶教材（評估），然後利用評估的結果，進一步開發改良的學習系統（創造）。

　　這個過程聽起來很乏味，事實也是如此，但這就是通往訊息融合的路徑。事實上，正是這種艱苦的心智運作和掙扎，才能真正鞏固腦中的概念和事實。

## 間隔重複（Spaced Repetition）

　　這個方法直接針對該如何做才能「擊敗遺忘」。間隔重複——也稱為分散練習——的名稱就說明了這個方法的涵義。

　　這是個改善記憶的重要技巧，能直接戰勝遺忘，並

讓你在大腦的能力範圍內處理工作。增加編碼或儲存技巧也同樣重要 —— 記憶的三個階段是：編碼（encoding）、儲存（storage）、提取（retrieval）。「間隔重複」有助於最後階段的「提取」。

為了記得更多，而且把訊息留在腦中更久，盡可能間隔較久，再複習和接觸同樣的教材。換句話說，比起一個週末花二十小時，每天花一小時學習的記憶效果會好很多。這幾乎適用於所有範圍的學習。其他研究結果也顯示，相同的東西一天看二十次，對記憶的影響遠不如在七天內看十次。

把大腦想像成肌肉，間隔重複會更有意義。肌肉不能一直鍛鍊，並在幾乎沒有恢復時間的情況下繼續運作。大腦需要時間在概念之間建立連結，以及累積肌肉記憶，慢慢熟悉某個事物。研究證明，睡眠時會產生神經連結，不只是心智上的，大腦內會形成突觸連結，樹突也會受到刺激。

如果運動員在一次的訓練中練習過度，正如你在學習中不自覺地太過用功，有兩種情況可能發生。運動員可能耗盡體力，導致後半段的訓練毫無幫助，或者運動

員可能受傷。休息和恢復在學習任務中是必需的，有時不需要那麼努力。

一起來看看，重視間隔重複的時間表該如何安排吧。當然，最好能跟學生一起規畫時間表，他們才會了解自己正在做什麼，並根據雙方對各自目標的了解，積極參與計畫。

- **週一上午 10:00**

  了解西班牙歷史的初步事實，累積了五頁筆記。

- **週一晚上 8:00**

  複習西班牙歷史筆記，不要只是被動地看過一遍。嘗試從自己的記憶回想訊息。比起只是重讀和複習，回想是處理訊息更好的方式。這可能只要花二十分鐘。

- **週二上午 10:00**

  試著回想訊息，別一直看筆記。在第一次嘗試主動回憶後，回顧筆記，看看你忘掉了什麼，並記下需要更注意的重點。這大概只要花十五分鐘。

- 週二晚上 8:00

  複習筆記。約十分鐘。

- 週三下午 4:00

  嘗試靠自己再次回想訊息，完成後再看筆記，了
  解自己還遺漏了什麼。這只要花十分鐘。確保自
  己沒有跳過任何步驟。

- 週四下午 6:00

  複習筆記。約十分鐘。

- 週五上午 10:00

  主動回憶時間。十分鐘。


　　看看這個時間表，注意在整個星期中，你只花了
七十五分鐘學習，但已經成功瀏覽整套課程多達六次。
不僅如此，你很可能已經記住了大部分的內容，因為你
使用了主動回想，而不只是被動查看筆記。

　　你已為下週一的考試做好準備。事實上，週五下午
前你就已經準備好了。間隔重複讓大腦有時間處理概

念，並建立自己的連結和進展，重複的行為讓你更熟悉內容。

當你不斷接觸一個概念時，想想會發生什麼事。在前面幾次接觸中，你可能無法察覺有何新意。當你越來越熟悉時，就不再敷衍了事，你開始在更深的層次上檢視概念並思考相關資料。你把它和其他概念或訊息連結起來，更深入地理解它。

當然，學習目的是要將訊息從短期記憶推入長期記憶。死記或硬背都不是有效學習的方法，這就是原因。缺少重複和更深入的分析，很少有人能做到讓訊息進入長期記憶。此時它就變成死記硬背，而不是我們之前討論過的概念學習，因此也注定忘得更快。

當你開始學習某件事時，別計較所花的時間，而改為計算初次學習後重訪的次數。把增加複習頻率當目標，每次的時間則不一定。頻率和時間都很重要，但間隔重複或分散練習的研究資料都明白指出，保留喘息空間有其必要。

確實，這種類型的最佳學習，比我們多數人習慣

的，要花上更多時間和計畫。然而，就算時間不多，你仍然可以策略性地使用它。

為了測驗、考試或其他類型的評估而臨時抱佛腳，我們不需讓教材完全進入長期記憶。我們只需讓它稍微超過工作記憶，並被部分編碼到長期記憶。考試過後，我們不必回憶起任何內容，那就像只需用到幾個小時的東西。

如果你總是在最後一分鐘臨時抱佛腳，可能無法做到真正的間隔重複，但你可以小規模地嘗試看看。不要在一個晚上花三小時學習科目 X，而是試著每次學習一小時；每天三次，中間間隔好幾個小時。

回想一下，記憶需要時間來編碼，並牢記在大腦中。善用所擁有的時間，才能將仿效間隔重複做到最好。充分利用有限時間學東西，例如：早上睡醒時，然後中午、下午 4:00 和晚上 9:00 複習。重點是一整天的複習，重複越多次越好。記得，把重點放在頻率上，而不是每次持續的時間。

在重複的過程中，不需按順序來研究筆記；要參照

不同的文本，並更有效地編碼。此外，善用主動回憶來取代被動閱讀。別害怕將不相關的資料穿插進來，這樣可以獲得交錯練習的好處。專注在主宰訊息的基本概念上，如此一來，面對不記得的事情時也可以做出有根據的猜測。

考試前，請確保背誦和複習新的訊息，直到最後一刻。短期記憶最多只能容納七個單位，所以你可能剛利用一條訊息救了自己的考試，而這個訊息永遠不會被納入長期記憶。就像玩雜耍一樣，最終，東西不免掉滿地，但碰巧你玩弄的是自己的記憶。在有自覺運用的情況下，盡可能利用所有類型的記憶。

從不同的角度來看，間隔重複更貼近學習——把力氣放在練習記憶提取和追求複習頻率上，而不是持續時間來提高記憶力。即使沒有太多時間，你也可以利用間隔重複來準備考試，讓更多訊息進入大腦。

再強調一次，重點在於頻率，而不是持續多久。將學習和記憶分散在更長的時間內進行，並經常重新審視相同的教材，如此一來，學習效果才會越來越好。

另一個增進記憶的拼圖是**組塊記憶**（chunking）**❸**。不像**間隔重複**那麼陌生；以前，你可能就聽說過組塊記憶，甚至你現在就在這麼做。

## 康乃爾筆記法（Cornell Notes）

這一章介紹的許多技巧都很適合用在學術科目上，做筆記也是如此。很多人在學校和大學，都學習了某種筆記方式，但通常只是模仿別人的做法，卻從未花時間去理解。首先要記住的是，筆記不是絕對必要。但筆記如果有其必要，請記住，只有當筆記真的幫助到學生理解和記住新訊息時，記筆記的方法才有價值。採用一些流行或看似有用的技巧只會妨礙學習，而不是促進學習效果，這是一個很大的錯誤。

這就是為什麼，我們要花時間在上一章打好基礎——在我們理解風景和穿過那片風景的道路後，想達到目標，選擇正確的工具和技巧就變得更容易了。我們不浪費時間在讓學生感到困惑或厭煩的方法上，但要用有

---

**❸** 將訊息分為「組塊」可減輕認知負荷，有利於增進長期記憶，詳參第一章討論「鷹架理論」的部分。

目的和聚焦的方法直擊核心。在如此前提下，讓我們探索一些多年來累積不少粉絲的筆記方法。其中，最有名的泛稱康乃爾筆記法，元素和我們之前提到的內容相關，以下是簡單的介紹。

在用來記筆記的手寫紙上（用手書寫是關鍵），把它從中間分成兩欄。右邊欄位的寬度大約是左邊欄位的兩倍。右邊標記為「筆記欄」（notes），左邊是「整理欄」（cues）。下方保留幾吋空白，並標記該部分為「摘要欄」（summary）。

現在有三個不同的欄位，但你只會在右邊的筆記欄做筆記。針對有具體細節的廣泛概念，盡可能簡潔地寫下正常的筆記。寫下需要的一切，才能針對所學進行徹底評估。在重點和重點之間保留一些空間，稍後可以填寫更多細節，並加以解釋。繪製圖表和示意圖，在適當處列出清單，並盡最大的努力抓住重點。

一開始寫筆記時，不需考慮組織或畫重點。只需寫下聽到或讀到的內容，盡量提供自己一個完整的輪廓。盡可能記錄在右欄中，因為此時你只想獲得訊息。別去區分訊息的重要性。當你再次翻閱筆記時，就可以弄清

楚什麼是必需且重要的。

做完筆記後，繼續進行左邊的整理欄。針對每個單元或概念，過濾和分析筆記欄的資料後，在整理欄記下重點。如果筆記欄有點像是個一團亂的地方，整理欄就是一個相對有組織的主題記錄──基本上，兩邊提供的訊息一樣。

將筆記欄的五個句子，轉換為包含要點和具體事實的一或兩個句子。想像以下情景：左邊是一組有組織的語句，整齊地總結一切，右邊則是一堆雜亂的文字。此時，你已經完成做筆記的第二級。跟平常所做的相比，你已經往上跳一級了，可以瀏覽內容，並立即知道筆記的重點。

最後，完成筆記欄和整理欄之後，繼續進行下方的摘要欄。

摘要欄是你嘗試總結的地方，將筆記歸納為幾個很棒的想法和敘述，加上重要的輔助事實或跳脫規則的例外。盡可能用簡單的幾句話涵蓋你想說的內容，當你回顧筆記時，應該要能很快地理解，而不必再重新進行解

構和分析。

你的目標是在瀏覽摘要欄和整理欄後能繼續往下讀。之前，你有一頁亂七八糟的筆記，現在則是有一個簡短的摘要欄，可讓你立即了解新的訊息，並更有效地記憶，因為這裡只有幾個句子，而不是每次閱讀都要再次進行分析。再次強調，再度重複、總結一次，對你來說沒什麼壞處。

舉個簡單的例子，我們為什麼不檢視在這個章節中一直談論的重點？假設我們把「康乃爾筆記」當作概念本身。右邊會是你可以掌握的內容，那不是逐字逐句，而是簡短的詞語。

但它可能不太有組織——只是一堆你讀到的訊息。在左邊，你會有些較短的詞語，比如四段筆記、每個階段的重點；康乃爾筆記如何發揮功能，以及它們對有效學習的重要性。

至於摘要欄，可以把從這章節中學到的一切濃縮成一、兩句話——學習分為四個階段：記筆記（taking notes）、編輯（editing）、分析（analysis）、反思

（reflection）。康乃爾筆記驅使你完成所有階段，並幫助你用三個欄位分析訊息，以便更有效率地組織訊息。

在完成此過程時，你已經建立了自己的學習指南。更棒的是，你還有整個過程的記錄，包含原始筆記、整合和摘要，都在同一頁。你有訊息記錄可讓你深入或參考任何內容。最重要的是，你建立了獨具個人意義的筆記，並從描述的方式中衍生出自己的想法。你正在讓訊息融入自己的心理基模，而不是反過來。

整體來說，記筆記不是偷懶、被動的活動。這就是偉大筆記的真正秘密。筆記可以作為參考、瞬間理解並幫助你，而不是你還要去破解筆記。若你必須先嘗試理解別人的結構和組織，筆記將無法發揮作用。

《超牢記憶法》（*Make It Stick*）一書的作者彼得‧布朗（Peter Brown）在筆記上簡化了重點：他堅信，如果學習過程中不付出任何努力，記憶將不會持久。

布朗引用的一項研究中提到，在部分教材中，學生們可以逐字逐句地複製筆記，但針對其他教材，則被要

求用自己的話改寫。這些學生稍後接受測試，結果他們比較能回想起自己重新詮釋過的教材。

上課時提供書面筆記可能很方便——對學生來說，但對教授而言可能不是。但這種安排缺少內在的努力，反而會妨礙學生學習。事實上，學生為了過關而付出的努力和參與越少，學習成果也會越糟。

筆記是大腦處理、理解並記住訊息的方式，因此請確保一開始就有良好的基礎。

自學者和訊息的交流，終極的最佳實踐是自我解釋（self-explanation）的技巧。你可能會發現，這是來自 SQ3R 學習法的元素，特別是關於背誦的部分。

## 如何使用有目的的註解

本章介紹的最後一個技巧，不僅涉及「細讀」（close reading）和註解，而且是有目的的註解。再次強調，這取決於你嘗試的教學教材和技巧，以及學生的年齡和個性。你有沒有過以下的經驗？好不容易坐好，想靜下心來閱讀，但就是……讓眼睛一頁一頁看過去，

卻沒讀懂任何東西？閱讀其實是一個很主動的過程，必須不斷在頁面教材和對吸收、理解訊息之間來回確認。

不僅如此，閱讀不只是單一的活動──它總是包含在更大的藍圖中。不明白這個更大的藍圖，閱讀似乎顯得沒意義也缺少重點。若書面文本構成了教學內容的大部分，這就勢在必行：根據教學目標，你還必須教導如何閱讀的方法。

簡單地拿起一本書來讀是一回事，但有效率的讀者總是帶著目的閱讀。目的意味著，你知道**為什麼**要讀這些；換句話說，你需要清楚地知道，自己打算拿收集到的文本訊息做什麼。它如何與你的具體目標和目的密切合作？

許多大學生坐在教室裡，一手拿著課本，另一手拿著螢光筆，他們會在課堂上畫重點，卻不知道為什麼這麼做，或希望從中得到什麼。課堂結束時，你會忍不住心生懷疑，「等等，剛才我讀了什麼？」

學生在做註解時（畫重點，或閱讀時在文本或空白處加上符號或筆記），他們必須朝著一個事先確定好的

目標前進。將更多目的帶入閱讀的簡單方法是刻意自問：「我為什麼要讀這個？」在他們真正閱讀**之前**，先暫停並設定閱讀目標，讓學生做好尋找相關訊息的準備。也可以提醒他們，**之後**有必須完成的任務，也就是總結、分析或提出理解性的問題。這麼做，在閱讀時便能塑造並引導他們的注意力——因為有事先提供目標。

將閱讀視為一種有文字的對話——你必須聰明地回應，並增加對教材的理解程度。如果你在跟一個人說話時感到困惑，可能會要求他們再說一次、換句話說，或提出問題，以確保你理解他們的意思。教你的學生以同樣的方式閱讀，要注意並回應閱讀的內容，並在他們閱讀時，透過總結、聯繫、分析甚至爭論的方式來與文本互動。

因此，我們必須鼓勵學生在閱讀之前、過程中和之後積極參與文本。閱讀之前，他們可以設定目標和意圖；閱讀期間，可以做些有意義的筆記和註解；閱讀之後，可以執行任務，進而鞏固和應用讀過的內容。舉個簡單的例子來說，你可以給學生一篇文章並激起他們的好奇，只要說，這個作者提出的論點受到嚴重批評，並請他們猜猜看為什麼？然後閱讀時，要求學生針對作者

提出的論點梳理出邏輯結構，再加上他們本身的反應
——他們對作者的立場有何看法？

最後，閱讀之後，你可以要求學生總結讀過的內容，再想想你的問題：他們對作者的論點理解多少？然後給他們另一篇文章，反駁第一篇文章，為主題增加更多深度。如你所見，任何時候你都不該只是為了閱讀而閱讀——你的閱讀應該針對特定目標。

當我們這樣閱讀時，註解就變成了工具或導覽路徑，讓我們能快速找到進入和退出概念的方法。事實上，所有年齡層的學生都不具有天生的閱讀傾向，除非他們能發掘閱讀跟自己生活的相關性，或閱讀跟他們自己想完成任務之間的關聯。某種意義上，主動接觸新訊息跟學習是同一件事——然而，若非有自覺地集中和引導注意力，我們怎能說自己有學到東西？

註解反映了內在的認知投入（cognitive engagement）。當學生在文本空白處寫下問題或反駁，是因為他們想記下突然產生的想法，而不是想著：「好吧，我或許該做些筆記，這裡好像蠻適合瞎掰點東西。」

身為老師，了解廣泛的目標很重要，以便為學生做好準備。若你想讓他們吸收整體的訊息，那麼便要把重點放在做總結或簡單的大綱。若你希望他們更有意義地參與教材，就要求他們仔細分析內容。若你想確定他們真的理解重點，而不只是硬背，就問他們理解性的問題，或要求他們轉述內容。利用一或兩個定義明確的動詞指導學生：分析、比較、組織、整合、描述、總結、解釋或發展，並要求學生在閱讀時採取積極的態度。

一旦知道自己在做什麼，學生可以自行決定哪種註解最有效。在空白處寫下問題？畫重點？圈出新詞並找到定義？在文章中的直接引用下畫線？這些方法沒有好壞之分——重要的是，註解在邏輯上有助於閱讀目的。沒必要被特定的註解規則、色筆、特殊符號等束縛。事實上，使用學生自己設計的系統可能更有效率。

老師的目標是引導學生到達一個地方，並讓他們在這裡感到有力量、自信、好奇，足以掌控閱讀過程，並為自己指引方向。為特定目標努力時，一切將變得更有活力、更清晰——閱讀也不例外。你可能會發現，用正確的方法決定閱讀任務，學生會自然而然地開始做註

解。你唯一要給的提示，可能是建議他們用大大的字在頁面最上方寫下目標，看看會發生什麼事。

請記住，重點不是產出漂亮的筆記，而是因為有了真正的理解，才能促進內在的認知過程。如果你想內化緩慢、刻意接觸新教材的過程，更好的主意如下：讓學生主動評估筆記和註解系統的效果如何。這套系統如何提供幫助？這套系統有幫助嗎？這會引導他們更深入地思考，將來自己如何與文本建立連結。

- 有很多實用的方法能在學習過程中提供幫助。SQ3R
  學習法是一種塑造學習方式的過程,透過概覽(掌握
  教材的概要)、發問(透過提問發展更深層的理解,
  來引導學習)、精讀(積極仔細地吸收教材或訊
  息)、背誦(鑽研所學內容,加以組織並牢記在腦海
  中)和複習(根據整體目標和開始時的狀態,評估進
  步的程度)。

- 布魯姆分類法說明精通的關鍵是累積,而通過各等級
  的類別層次便能逐漸加深理解。這些層次包括:記
  憶、理解、應用、分析、評估、創造。每個等級中的
  投入程度取決於對上一級的掌握。身為老師的你,可
  以把這些階段記在腦海中,塑造出漸進式的挑戰。

- 間隔重複或分散練習是一種加強記憶和回想的方法。
  以頻繁的間隔背誦或複習教材,並盡可能拉長間隔,
  而不是試圖一次「把東西塞進大腦」,這樣做學習成
  效並不理想。關鍵是持續和間隔練習,讓學生自己練
  習回想。

- 康乃爾筆記法教學生自然而然記筆記，之後再從筆記擷取關鍵主題和重點，然後總結主要的發現，並因此發展出教材的概念圖。這麼做不僅能增進記憶，也能加深理解程度。

- 最後，有目的的註解雖然在閱讀過程中完成，但實際上卻會發生在閱讀前、閱讀中和閱讀後。閱讀應該更積極且經過指導；必須事先知道為何要讀，以及讀完後打算利用這些訊息做什麼。相關知識能讓你做好準備，專注在閱讀上也讓你更容易做出選擇，知道該在文本資料中使用何種註解（畫重點、筆記、符號等）。

Chapter 4

# 進階技巧

上一章介紹了一些常見的內容，讓學生能「更聰明而非更辛苦」地學習，並以最有效、最合乎邏輯、最讓人滿意的方式利用認知工具。本章中，我們將進一步介紹深入研究的方法和技巧。

我們將延伸平常在課堂上使用的技巧，更哲學地研究知識獲取的過程。成為他人的嚮導、導師、教練，真正的意義為何？這個名為學習的怪東西到底如何運作，對我們自己和學生而言，該如何掌握更複雜的理解？

## 問題導向學習（Problem-Based Learning）

有個關於新手金屬學徒的都市傳說。老師要求他們從堅硬的金屬塊雕刻出一個複雜的形狀，而且只能使用身邊既有的手動工具。完成這項繁瑣且看似不可能的任務後，你猜學生達到了什麼目標？他們搖身一變，成了真正的手工具專家。

電影《小子難纏》（*Karate Kid*）裡著名的宮城先生（Mr. Miyagi）呢？誰能忘記他教學生丹尼爾（Daniel-san）辛苦勞動的過程？原來，在完成宮城先生吩咐的工作後，丹尼爾學會了空手道的基礎。

在解決問題或達成目標的過程中，學習不可避免。

「問題導向學習」從一個需要解決的問題開始，透過解決問題的過程，達到強迫學習的效果。你試圖完成一個需要學習的目標。不是一開始就決定學習 X，而是設定要解決問題 Y 的目標；在這個過程中，學習 X 只是單純的學習遷移（learning transfer）。

通常我們以線性的方式學習知識和技能。在學校，傳統方法經常是：老師提供教材讓學生記住，然後我們會看到知識如何解決問題。當你只有自己一個人的時候，這可能也是你組織學習的方式──因為這麼做很自然，而你甚至不知道還有其他方法。

「問題導向學習」需要確定對問題的理解、尚需何種知識和資源，才能弄清楚如何以及從哪裡獲得這些新訊息，並且在最後，如何拼湊出解決問題的方案。這與多數學校採用的線性教學方式有很大的不同。以下，以我青少年時期失敗的浪漫插曲進行說明。

我想讓西班牙語課的潔西卡（Jessica）留下深刻印象。對年輕（和年老）的男性而言，這是一種崇高而強

大的動機，是生命中許多改變的動力來源。我們在同一堂西班牙語課堂上，而我有幸坐在她的正後方。原來，她對西班牙語不太感興趣，所以她不斷地轉身向我求助。

一開始，我被她的眼睛吸引而感到興奮，然後心情變得很低落，因為我發現自己不知道該如何回答她的問題。如果她轉而詢問班上其他男生怎麼辦？我絕不能讓這種事發生！

帶著這樣的想法，我開始認真學習西班牙語，讓她願意繼續轉身跟我說話。當你有了合適的動機時，學習效率真是超乎想像，那一年，我的西班牙語變得很流利，可能比班上任何人都更快上手。而且我還會查找晦澀或複雜的詞語，希望有機會讓她留下深刻印象。

我製作了大量字卡。一開始，每張卡片背面只有一個單字，但到了學年結束時，每張卡片背面進化為三到四個句子，而且全都是西班牙語。我在這堂課得了A+，這在我的中學生涯中很少見，但我和潔西卡完全沒有進展。

這是問題導向學習的經典案例——我想解決 X（潔西卡）的問題，結果過程中卻學會了 Y（西班牙語）。

當然，關鍵是慎重考慮什麼是你想花時間解決的問題，讓學習幫助你完成想達到的目標。問題可以像掌握新的吉他音階一樣簡單，也可以是嘗試彈奏一首包含該音階的困難歌曲。你會發現專注於解決問題，比只是閱讀教科書或聽課，對學生更有幫助且更具教育意義。第一手經驗當然更有價值。

自從約翰・杜威（John Dewey）的關鍵著作《民主與教育：教育哲學導論》（*Democracy and Education: An Introduction to the Philosophy of Education*）在 1916 年出版以來，問題導向學習在我們身邊已愈來愈普遍。杜威書中的基本前提就是從做中學。

時間快轉到 1960 年代，問題導向學習有了現代的開始。醫學院開始利用病人的真實案例和例證來訓練未來的醫生。確實，這仍是許多醫學生學習診斷和治療病人的方式。醫學生透過診斷過程學習醫學知識，而不只是把無止盡的事實和數據記在腦海中。不同於苦讀和記筆記，這是真正的實戰訓練。

他們該問病人什麼問題？他們需要從病人那裡得到什麼訊息？該做哪些檢查？檢查結果意味著什麼？檢查結果如何決定療程？在問題導向學習的過程中，醫學生透過詢問並回答這些問題，最終學會如何治療病人。

想像一下，一個醫學生面對著以下的情況：六十六歲的男性病患來到看診室，抱怨最近呼吸急促。在未知情況下，接下來該採取什麼步驟？

除了醫療、家庭和社會歷程，醫學生會想知道症狀已經出現多久、在一天中的什麼時間出現、什麼活動會導致呼吸急促，以及什麼狀況會導致呼吸變得更糟或更好。身體檢查，然後以問題為中心：檢查血壓、聽心肺、檢查腿部水腫等。接下來，學生會決定是否需要實驗室檢驗或照 X 光。然後根據這些結果，醫學生會想出一個治療計畫。這是初學者的作法。

如果老師想讓學生學習如何處理潛在的心臟問題，他們辦到了。將研究技能應用到真實案例上，對醫學生而言，學習會變得更實際、更難忘，並且更有參與感。研究顯示，當醫學生以問題導向的方式學習時，臨床推理（clinical reasoning）和解決問題的能力提高了，學

習更深入，概念更集中，對教材的整體理解效果也更好。

問題導向學習促使學生全心投入解答和方法，他們以完全不同的態度，吸收了完整的概念或訊息。他們必須想出能得出 X 的完整方程式，而不只是想出 X 的解答。過程涉及探索和分析的深層感受，因此能得到更深刻的理解，而不只是簡單的知識反芻。

問題導向學習也能帶來更強的自我激勵效果，因為這不是為了學習而學習，現實生活中有個緊急的問題有待解決，而且也能在現實生活中得到成果。

在「現實世界」中，通常不會有人給予我們案例場景，或把小組作業（至少不是小學作業的意思）分配給我們，以幫助我們達成學習目標。無論你知不知道，我們都可以把自己放在某個位置上，藉由達到特定目的來加強學習。以下是幾個例子，以你的角度出發，該如何找到一個需要進一步學習的問題。

**飲食計畫**。例如，你想要解決晚餐老是延遲而且一團亂的問題。你選擇這個任務，是因為除了解決不必要

的壓力和焦慮，你也會成為一個更好的廚師。你想解決
X（壓力很大的用餐時間），在這個過程中，也學會了
Y（如何增進烹飪技術）。

那麼，你會採取哪些步驟來使廚藝更加精進呢？有
個方法是實施飲食計畫系統，讓你嘗試新的食譜和技
巧。首先，確定你知道有哪些問題待解決？你的家人要
吃飯。有食譜很好，也許先從簡單的做起，然後慢慢增
加難度。你需要製作這些食譜的食材、何時供應哪種餐
點的時間表，以及訂定如何處理更高級技術的策略。

你還需要知道什麼？需要食譜以及實際的食材列
表。你需要有組織的計畫，決定何時開始供應每天的晚
餐，這時你可以參考日曆來決定日期。你可能也想確
認，自己在那之前要具備哪些技能。

你會從何處獲得新訊息來解決這個問題？也許一開
始，你會先請家人分享最愛的三道料理，然後上
Pinterest 找食譜。之後，你列出購物清單，也許在記事
本上，或用電腦做成 Word 文字檔，或利用你找到的購
物 App。接下來，你要把餐點排在日曆上。同樣的，你
可以在電腦上整理，或找到一個飲食計畫，將之列印出

來或利用 App。也許你想嘗試線上購物的送貨或取件服務，以進一步節省時間（但也可能衝動消費）。你要弄清楚如何學習新的烹飪方法：閱讀、看 YouTube 影片、上烹飪課等。

透過制定戰略計畫來增強烹飪技巧的你，利用問題導向學習解決了用餐時間混亂的問題！你找出自己已知的（想學的新技能、對餐點的想法、食譜、購物清單），找出你需要知道的（烹飪技術、具體食譜、食材列表、餐點日曆），以及你該從何處找到需要的資訊（家人、Pinterest、App、書籍、網路、電腦等）。

你不僅為家人制定出未來的飲食計畫，也設計出讓自己進步的策略，一週接一週，一個月又一個月，你一直在學習新技術並改善你的烹飪技巧。透過制定飲食計畫的策略，你不但節省時間和金錢，而且可以看到混亂在減少，並增加家庭對用餐的滿意度。這是一石二鳥之計。

**壞掉的烤麵包機**。讓我們思考更複雜的問題。你的烤麵包機好像壞了，但你每天都吃吐司當早餐。你一直想多了解電子產品，並將多年前學到的知識學以致用。

你想解決 X（壞掉的烤麵包機），但過程中也學到了 Y（基本電子技能）。在這個讓人有點氣餒的場景中，問題導向學習如何發揮作用？

第一步是確定已知的狀況。烤麵包機壞了。你的手很巧，所以考慮自己動手修好它。你對線路略知一二。而且你真的很喜歡這台烤麵包機，但這個型號已經停產了。

那麼，你要具備什麼知識才能解決這個問題？你需要確定烤麵包機故障的具體原因。針對目前擁有的技能無法解決的問題面，可能需要一些指導。你會需要工具和零件，以及時間和地點來修理烤麵包機。

在訊息收集的階段，你會拆開烤麵包機，試著找出問題點在哪裡。你可以上網或去圖書館找找看小家電「修理」手冊。可以上 YouTube 參考教學影片。找到問題後，試著修好它並進行保養，讓烤麵包機再度回到工作崗位。

問題導向學習提供了一個有幫助的框架，為了學習新的技能或訊息，你有完善、有組織的方法處理問題、

挑戰或困境。你可以將「問題導向學習」視為一系列的
步驟，如同上述例子介紹的。

- 定義你的問題。

- 確定你已知的內容。

- 列出可能的解決方案，並選擇一個最可能成功的
  方案。

- 將步驟分解為行動項目（做成時間表會很有幫
  助）。

- 確定仍需了解的內容，以及得到這些訊息的方
  法。

　　問題導向學習有明顯的優勢。相較於不那麼專注的
方法，你會更記得學習的內容，而且對於問題和解答的
理解將更深入。雖然問題導向學習法看似有太多步驟而
且太花時間，然而從長遠來看，問題導向學習反而節省
更多時間，因為你不是隨機嘗試不經思考的解決方案。
規畫和制訂系統化的計畫，最終節省更多時間，也更省
錢！這就是直接解決問題的好處——觸及事物重要的核
心。

問題導向學習可用於生活中的各個層面。針對想學習的內容設計問題和目標需發揮創意，不過，這種類型的學習技巧將使你進步神速。畢竟，如果不透過「學習遷移」來將我們知道的東西應用到現實世界中，我們能學到的將非常有限。

## 偉大的蘇格拉底

成為「問題大師」的重要性無須贅言；這不是關於迂腐或挑釁。我們說過很多次了，你不能指望訊息主動來教你，或所有訊息都淺顯易懂。責任最終都會落到你身上。如果聽課、讀書或看影片你都毫無收穫或理解，答案肯定不是一遍又一遍地繼續閱讀相同的段落。

你必須努力鑽研，以徹底理解。或者，如果你扮演老師的角色，你要設定正確的環境條件，讓理解的過程在學生身上展開，並適時提醒，讓他們做好準備，而不只是敷衍了事。它讓你想起老鼠不斷按壓槓桿、電擊自己的心理學實驗。實驗結果毫無進展，顯然必須改變方法。這個例子清楚說明了，我們應該更聰明地學習，而不是更努力地學習；沒人可以否認老鼠很努力，但效果存疑。

讓我們來比較兩個同樣在閱讀西班牙歷史書籍的人。金博（Jimbo）會一直讀並複習重點。他會記筆記，而且輕鬆通過該科目的考試。他的回答就像玉米麵包的食譜一般條理分明。他得到 B+ 的成績。金博表現不錯。

　　另一方面，庫納爾（Kunal）也讀同一本書，但他只讀一到兩次，然後把剩下的時間花在試圖更深入地了解西班牙征服者和國王的行為和動機。他在同一個考試中獲得了 A+，這是更好的成績，因為他表現出金博永遠無法擁有的洞察力。庫納爾的答案更像一篇論文，即使忘記了一些小細節，卻因為更深入的理解，而讓他的推理和意見顯著領先。

　　透過提出試探性問題，得到背後的事實和訊息，庫納爾達到精通知識的水準。他處理了訊息，並利用問題進行思考。庫納爾發現，自己如果提出正確的問題，他甚至不需要知道所有事實，因為他可以預測征服者可能會做的事。給庫納爾一個大大的讚吧！

　　據說在學習中，人們提出的問題遠比答案更重要。事實上，關於工作面試，我們也聽過這個建議，你應該

提出「聰明的問題」來顯示你對面試公司有更深的認識。

　　機械式記憶（rote memorization of information）有時會被我們當成目標，但若想更深入地理解，提出問題才是開始的第一步。問題會讓原本平面的訊息轉變成生動的立體知識，與整個世界產生大量互動。那就是事實或訊息的實際情況；然而，為了顧及速度或效率，我們經常忽略真正的內涵。提出問題就是去理解一個主題，找出自己不知道的，而且能接受你原先的理解可能完全錯誤。只有了解和訊息相關的內容，例如背景和文章脈絡，才是有意義的學習。

　　換句話說，好的問題會讓我們能對理解進行多重檢核（triangulate）。以教科書為例，教科書的內容廣泛，無法涵蓋所有微妙細節。若我們全盤接收書中的內容，就只是走在單一的道路上。然而，若我們提出問題，就能看到路徑本身迂迴曲折，甚至並非完全準確。各種疑問的路線因而產生，我們能理解本來就有很多條路的事實，而且每條路都有自己的觀點。問題讓我們澄清誤解，並強化已有的知識。最後，雖然是同一本教科書，但我們的理解卻更加細緻入微，也更準確。

幸運的是，關於這點，老師們已經知道了數千年。蘇格拉底本人提出了最有用的架構，幫助學生提出有見地的問題。這位古希臘哲學家以身為柏拉圖的老師聞名，卻被控「腐蝕年輕人的心」而遭判處死刑。他的教學方法主要採取對話和問題的形式，因此被稱為蘇格拉底反詰法（Socratic Method）。

歸根究柢，蘇格拉底反詰法是針對問題提出問題，努力剖析一個主張或陳述，以達到更深入的理解。提出問題的人看似採取攻勢，但他們提出的問題對雙方都有利，能發掘主張或陳述背後的假設和動機。再這個過程中，我們能形成有效提問的架構。

想像一下，你發表了一個主張，卻只得到自以為是的回應：「哦，是這樣嗎？那 X 和 Y 呢？」不幸的是，這個自以為無所不知的提問者，確實是對的。

美國法學院因為使用蘇格拉底反詰法而惡名昭彰。教授會問學生問題，並針對案件或法律的實際狀況提出疑問，學生則必須為他們的陳述辯護。本質上，這不是對立的情況，但確實迫使學生解釋自己的推論和邏輯——當然，知識落差和邏輯缺陷也可能隨之浮現。這個

過程能達到對目標更深入的理解。雖然可能導致個人採取防禦姿態，但這個行為本身並不具攻擊性。

那麼，究竟什麼是蘇格拉底反詰法，就只是提出一連串讓人不舒服的難題嗎？當你對自己提出質疑時，就是在強迫自己去理解。你正在經歷不可思議的壓力測試，質疑自己和自己的邏輯。它迫使你捨棄假設，檢視自己缺少了什麼。若你被蘇格拉底式的提問無情質疑和嚴厲批評，之後留下的，就是經過深度理解和驗證的結果。若你的思考有錯或理解有落差，反駁可予以發現、糾正和證明。這就是深度學習。

以下舉個簡單例子。想像你跟別人說：天空是藍的。

這似乎是個不容質疑的聲明，一個簡單的真理：顯然天空是藍的。你從小就知道。你每天去外面都可以看到。你跟別人說過，他們的眼睛跟天空一樣藍。但請記住，我們提出問題的目標，是想得到更多關於為何天空是藍的的知識。所以想像一下，有人問你：為什麼你知道天空是藍的。

有很多方法可以回答這個問題，但你決定說，你知道天空是藍的，是因為它反射了海洋，而海洋是藍的；儘管這是錯的。提問者問你：你怎麼知道天空的藍色是海洋的反射。

你會如何回答這個問題呢？

這條簡短的蘇格拉底式提問，顯示出你不知道天空為何或如何反射（或不反射）海洋的藍。你只是試圖解釋一個潛在的假設，卻驚訝地發現，其實自己一無所知。

簡言之，這就是蘇格拉底反詰法的重要之處。一連串簡單的問題，直接針對你而來，只要誠實並認真回答，就可以釐清你以為自己知道的知識，並引導你理解自己不知道的部分。這和掌握自己確實知道的部分一樣重要，因為它會揭開你的盲點和弱點。回想一下，老師使用這方法作為教學工具，正是為了傳授更深入的理解和澄清歧義。

R・W・保羅（R.W. Paul）將蘇格拉底式問題分為六種類型。看看以下列表你就會明白，這些問題可以改

善學習，並帶領你填補知識的空白。六種類型的問題如下：

1. 澄清問題：為什麼這件事很重要？

2. 探索性假設：可能存在隱藏的假設？

3. 探究原因、理由、證據：已經證實的證據為何？

4. 質疑觀點和看法：還有哪些其他觀點？

5. 探討意義和結果：這是什麼意思、有何重要性，它如何與其他訊息連結？

6. 關於問題的問題：為什麼這個問題很重要？

## 1．澄清問題

問題的真正意義為何？訊息背後有沒有隱藏的動機或意義？提出問題想達成的目標？假設我們達成共識，認同天空是藍的。以下是每個類別的示範問題，你可以煞有其事地提出這些問題，以讓問題更加清楚，並挑戰他們的想法。

• 天空是藍的，跟你有什麼關係？

- 對你有什麼意義？

- 主要的問題是什麼？

- 你這麼說，到底是什麼意思？

- 這與其他的討論有何關係？

- 你為什麼這麼說？

## 2. 探索性假設

　　主張是基於何種假設？是否有實際證據支持？請提出意見和信念，以及基於證據的事實。有其他方式能證明嗎？除非你讀的是一篇科學論文，否則總有準確或不準確的固有假設存在。

- 你認為的藍，是我認為的藍嗎？

- 你為什麼認為天空是藍的？

- 你如何證明或驗證？

- 這個想法從何而來？

- 什麼原因讓你相信，天空是藍的？

- 你如何證明天空是藍的？

## 3. 探究原因、理由和證據

你如何知道證據是可信且有效的？得出的結論為何，以及藉由什麼原因、理由和證據得到這個結論？可能缺少或漏掉什麼？

- 有證據能證明天空的顏色嗎？有說服力嗎？

- 海洋的反射究竟如何讓天空有了顏色？

- 你能舉例說明嗎？

- 為什麼你認為這是真的？

- 如果訊息不正確或有缺陷的話？

- 能告訴我推理的過程嗎？

## 4. 質疑觀點和看法

人們總會提出來自偏見的主張或論點，因此不妨故意唱反調並抱持懷疑。問問看，為何不選擇反對的觀點和看法，以及為何它們無法說服你。

- 你的證據是否能以另一種觀點提供其他解釋？

- 為什麼那個研究最能證明天空是藍的？

- 同樣的說法也能證明天空是紅的嗎？為什麼能，或者為什麼不能？

- 這個論點有何潛在缺點？

- 反對的論點為何？

- 為什麼不是反過來：海洋反射了天空的顏色？

## 5．探討意義和結果

結論為何？為什麼？是否還有其他涵義？為什麼得出這個結論？造成的影響是為何？為什麼？

- 如果天空是藍的，那反射是什麼意思？

- 誰受到天空顏色的影響？

- 這個訊息有何涵義，結果為何？

- 這個發現意味著什麼？將改變什麼？

- 它如何連接到更廣泛的主題或敘述？

- 如果天空是藍的，對海洋有何意義？

- 你的證據和研究還能證明什麼？跟地球有何關聯？

## 6. 關於問題的問題

當你把這個問題針對自己時，比較看不出效果。然而對別人提出這個問題，將促使人們思考——為什麼你要問這個問題，或你為什麼以那樣的方式提問——並讓他們意識到，你想喚醒他們心中的疑問：你這麼說是什麼意思？你為什麼問關於 X 而非 Y 的問題？

- 你認為，我為什麼要問你關於天空顏色的想法？

- 你認為，我問你這個問題是想幹嘛？

- 你認為，這個知識會如何對其他主題提供幫助？

- 這如何應用於日常生活，以及我們之前在討論什麼？

一開始，這聽起來就像是壞掉的唱片，而且是通往瘋狂的不歸路。每個問題看起可能很相似，但如果正確且充分回答，就會走向不同的方向。在藍天的例子中，

有超過二十個不同問題——就會有二十個不同的回答和探究，滲入某人認為天空是藍色的簡單主張中。你可以想像，有人會發現他們幾乎一無所知，只是不斷反芻這套有限的事實，而完全缺少知識的脈絡或理解。

你可以應用蘇格拉底反詰法來確保你理解自己的想法。你可以把它想像成一個系統化的檢查過程，並再三確認。最終無論結果如何，都是屬於你的勝利，你可能確認自己真的很厲害，或終於能弄清楚，自己究竟少了什麼。

假設有個朋友告訴你，西班牙宗教裁判所[4] 的審問過程相當人道，只有輕微的致殘和鞭刑（各種消息來源指出，平均死亡人數約十萬人）。在這種情況下，你可以利用蘇格拉底式問題來校正錯誤。這六種問題的類型提示如下：

　　1. 澄清問題：為什麼這件事很重要？

---

[4] 西班牙宗教裁判所（Spanish Inquisition）：1478 年由西班牙卡斯提爾伊莎貝拉女王（Isabella I）及阿拉貢的費迪南國王（Fernando II）要求教宗思道四世准許成立的異端裁判所，用以維護天主教的正統性，直至 19 世紀初才取消。

2. 探索性假設：可能存在隱藏的假設？

3. 探究原因、理由、證據：已經證實的證據為何？

4. 質疑觀點和看法：還有哪些其他觀點？

5. 探討意義和結果：這是什麼意思、有何重要性，以及如何與其他訊息連結？

6. 關於問題的問題：為什麼這個問題很重要？

要檢視這個說法的真實性，你可能會問：

1. 詳細的內容是什麼，為什麼這件事很重要？

2. 那個陳述的依據是什麼？

3. 什麼原因讓你認為這是真的？證據在哪裡？

4. 誰可能有類似觀點，為什麼？相反的觀點為何？為什麼？

5. 這對整個西班牙歷史來說，意味著什麼？所有歷史課本都不正確嗎？還有什麼會受到這個知識影響？

6. 你覺得，我為什麼會問你這個問題？

如何使用蘇格拉底式問題更深入地了解一個主題，例如大腦生物學？其實問題沒有改變──以相同方式利用以上六個問題，可以更深入地理解大腦結構。你會學習東西，你會找出錯誤，然後你就會理解。這不就是最重要的嗎？

## 批判性思考的優點

如果你曾經遵循蘇格拉底反詰法，無論以何種形式，恭喜你，你已在不經意間練習了批判性思考。你會發現，這個應用廣泛的技巧正是我們第一章介紹的五種教學方法之一，也就是探究式教學。對學生採取這種立場，就是成為他們的榜樣，很久以後，就算你不再教他們了，有一天，他們也會自己採取批判態度。批判性思想家在腦中有個隱藏的老師，會提出深思熟慮的問題，指出不一致之處，並經常提問：「我們在這裡做什麼？這是什麼？那到底是什麼意思？」

沒有人喜歡承認自己是拙劣或草率的思想家，但對

思考過程的<u>品質</u>誠實，是邁向真正學習必要的第一步。上一章，我們專注於吸收的內容和方法、組織、記憶等。但批判性思考是關於學習的<u>方式</u>，而非學習的<u>內容</u>。批判性思考並非我們是什麼，而是我們做了什麼。當這個方法練習得夠多時，不僅能改善思考的品質和力道，也能讓我們在學習時期成為專家。

聽起來不錯。那麼，什麼是批判性思考呢？蘇格拉底反詰法已經示範過了——也就是，不把一切視為理所當然的原則。提出問題時，先把自己放在不知道答案的立場，也就是不預先假設。不做任何假設，就是打開通往深度理解的道路。這樣的態度能為科學方法提供動力，而且有真誠的好奇心作為滋養。

身為老師，應該盡量不要參與，以鼓勵學生維持批判性思考。別給學生先入為主的意見，只給出一個問題激發興趣，讓他們得出自己的結論。當然，教學包含指導和解釋，但盡量別告訴學生怎麼想——比較好的作法是，支持學生的個人思考訓練過程。邀請學生挑戰任何及所有假設——即使那些假設構成學習關係的範圍。

這樣做，將促使學生處於學習探究的中心，並讓他

們負責自己的進展和理解。目標不是把你認為學生需要知道的所有知識塞滿他們的腦袋，但要幫助他們實現有意識的、成熟的開放心態，讓他們根據自己的才能，追求自己所需的知識。

這不是消極地允許學生抱持思慮不周的意見——在學習領域，每個想法、意見或主張都必須爭取應有的地位。這意味著，我們不怕挑戰偏見和假設，但另一方面，也應保持中立的觀點和暫停批判，直到我們有足夠的理由堅持任何一項主張。

你可以隨時檢視個人基於自我的偏見，藉此為學生塑造出批判的態度。讓他們知道，因為面對新的證據而改變信念只是過程的一部分，你應該放心這麼做。老師可能非常固執且思想封閉，因為他們習慣占據代表權威和正確性的地位，但卻很少有人提出挑戰。然而，主動承認自己的盲點會讓你走得更遠，而且更有可能在過程中獲得學生的信任和尊重。

態度不必是好鬥或敵對的——在學習之路上，犯錯不是一件尷尬的事，調整你的定位並不羞恥，如果那是你的理解帶你前往之處。事實上，老師可以傳授的最佳

課程便是，這個過程跟學習是分不開的，真正聰明的人永遠不會害怕錯誤、無知或被證明錯誤。

　　這就是許多人所謂的「成長心態」（growth mindset），它從學習藍圖中消除了恐懼、偏見和自我，並以資料和知識為中心。所有人在思考上都有信仰、偏好、期望、缺陷以及獨特的個人歷史。但成為批判性思考者，意味著刻意將事實、邏輯與個人信仰區分開來。一個成熟的思想家會這樣說：「好吧，出於個人因素，我比較希望 XYZ 是真的，但我不能否認相反的證據，所以我想，這次我是錯的。」

　　批判性思考者從不將想法或信念視為一輩子永久停留之處。他們不會把想法或思想當作最愛的足球隊，無論如何永遠支持，不管出於忠誠或固執或理所當然的感覺，彷彿他們才是正義的「一方」。相反地，思想和想法作為學習進展，是不斷變化和更新的。放棄一些想法，不該被視為弱點或錯誤，而是累積更多知識，邁向更有效理解的一步──這永遠是我們的目標。

　　無論學生在學習什麼，老師都應該鼓勵這種開放、

嚴格檢視的精神，不逃避任何真誠的詢問，並隨時歡迎辯論和解析。當學生發現自己的邏輯有錯時給予支持和驗證，但要避免讚美任何一個想法。你的目標並非要找到「正確答案」，而是要培養正確的態度。你甚至不一定要選擇一方的論點或進行結果宣判。提醒自己和學生，隨時可以說「我不知道」或「我還不知道。」面對未解決和混亂的情況時承認它的複雜度，比強迫下一個過於簡化的結論更成熟，畢竟後者只是為了滿足自我。

現實生活中，很少有剛剛好的簡單答案，但你可以教導學生，容忍一定程度的細微差別，並抱持這個想法：毋需強行做出決定，或急於投射意見和情感。批判性思考是後設認知（metacognition）的特點——我們不只學會在自己的心智模式中運作，也能以客觀的立場、中立的態度探詢心智模式是否在運作、如何運作，以及是否有更好的方式可以取代。

當然，有經驗的老師要能以批判的態度檢視自己，才能向他人傳達批判性思考的優勢。教學生把握機會自我省思、質疑、消除偏見，以及檢查忽略之處——教學生時，老師最好也能自我練習。

## 整合能力

　　說了這麼多以後，讓我們提醒自己，教學要有成效，必須不斷回到具體行為。我們從抽象的原則開始，但在某個時刻，則必須在行動中定錨。在正確的理論架構下，即使是最簡單、最不起眼的「活動」，都突然有了新意。讓我們仔細研究幾個教學策略，無論在正式課堂上、獨自一人或有伴一起，這樣一來，我們就能了解如何利用教學策略衡量理解、做出解釋、提出問題，並給予有價值的回饋。

　　當你讀過文章，並決定將這些方法用於某個目的時，請記住，能讓學生真正理解教材的技巧或活動才是首選。沒用的話就放棄，或不斷調整，直到有用為止！切記，這些技巧都有互動性、動態性和可調節性，讓你幫助學生練習自然的學習過程。

### 思考──配對──分享（Think-Pair-Share）

　　若情況允許，先讓學生獨自思考一項任務，然後和夥伴分享他們的發現和回應，最後跟更多人分享整合的知識。這麼做，能鼓勵對比思考（comparative thinking）和協作思考（collaborative thinking）；支持辯論和討論，

並讓學生發現他們之前沒想到的層面。這個技巧適用於較小的團體。在較大的團體使用時，最終會花太多時間圍繞在有可能錯誤的答案討論，但留給實際教學的時間卻很少。

## 善用「小測驗」

不，重點不是測驗內容本身，而是為了反思和評價學習過程。課程結束時，要求學生花點時間寫下學到的重點、他們還不理解的地方以及任何問題。這樣做能聚焦學習，並讓你根據他們現有的理解調整下一個課程，也能鼓勵積極的自我反省。

## 讓學生當老師

讓擁有較佳學習技能的學生教導有待進步的學生，證明效果不錯。讓這個過程正式化的方法是把你的課分成好幾部份，然後把每個部分分給學生小組，意即每個小組的任務只需理解整體中的一部分。然後分組大洗牌，讓學生互相傳達知識，並思考如何將新訊息融入自己的知識。

如此一來，學生既是掌握已知知識的老師，也是試圖理解他人所擁有知識的學生，結果便能得到對完整藍

圖的所有元素更深入、透徹的理解。這是個很棒的技巧，能讓學生在更大的系統內找到因果關係和有意義的聯繫，而非你直接向他們講解概要。

若貴單位許可，可安排學生助教定期與你的班級互動。相較於教授，有時他們能更有效地提供背景知識，因為助教有更多貼近學生的經歷。你也可以讓助教提供學生教學內容的概念介紹，你自己則處理較為複雜的部分。

## 分派任務

為學生設計一個活動計畫，讓他們一起指揮和拼湊，加上你的回饋和指導。無論是要求他們發表演說、安排呈現或寫篇論文，把握機會評估過程、提出合理問題或給予回饋。針對實用性強的現實世界任務，這樣做的效果會很好。然後你可以讓學生自己決定給這個計畫打分數的評量指標，並想出如何以計畫結果來衡量自己表現的方法。

## 善用短文或辯論

你可以將課程集中在一個提示或問題上，讓學生用自己的文章或論點進行回應。他們可以呈現或提交這個

作業，或主動參與跟其他學生的討論或辯論。你還可以在學生創造自己的作品之前或之後，要求他們對範例作品評分和評價。或者，可以將班級分組，每人分配一個問題的思考面向，並要求他們對此加以辯論。這麼做，不僅能加強他們針對論證的邏輯架構與批判思考的能力，也能發掘如何組織自己想法的方式。

## 鼓勵融合

記住，學習就是創造有意義的連結。鼓勵學生融合兩個不同來源的教材；例如，可以要求他們在討論中涉及教科書涵蓋的內容，或比較和對比兩本不同書籍、教材，得出第三種獨特視角。過程中，你會真正看到學生如何處理、理解資料，也讓你快速發現認知上的差距。這也是鼓勵學生遇到教材時，「為自己思考」更複雜結果和推論的完美方式。

這種方法對社會科學的教學特別有用，因為每個學者都有對事物的獨特看法。如果你問三位哲學家「生活的意義」，基於對生活的理解不同，他們會給你截然不同的答案。針對每個人都有討論到的概念，比較其中幾個迴異的架構，學生可以獲得一個整體的理解。

## 善用觀察

要求學生花些時間觀察其他人的互動、討論或活動，讓他們以做筆記、問問題，或提出分析和解釋的方式來回應。如此一來，其他同學的作業就變成必須分析和檢視的資料。

讓學生默默觀察某件事，要求他們集中注意力，專心製作摘要或大綱。例如，可以讓學生進行辯論，並要求其他學生觀察和評估他們的策略。這樣做，就能為原本可能太過靜態和無趣的過程增添了不同的面向。

以上這些方法的共同點如下：

• 讓學生互動和主動學習。

• 讓老師有機會衡量學生的深度理解。

• 創造機會讓老師給予有意義的回饋。

請牢記科學的、思想開放的、蘇格拉底式的學習方法，你可以採用一種以上的活動作為支持和評估深度學習過程的平台。以上的方法主要集中在互動小組或兩人一組，這些活動的優勢在於鼓勵學生動態溝通、與其他

人比較，並透過自我解釋發展出自己的理解。

　　當然，你可能只有一名學生，或正在教一個不太適合小組合作的主題。在這種情況下，你可能更需要採取視覺活動。然而，無論是小組合作或視覺呈現，都只是為了讓你有機會看見學生呈現其內在思維，這樣一來，你便能衡量他們的程度、對其加以修正，並引導他們。視覺資料有直覺和天生的優勢，比其他形式的訊息更容易掌握和記住。參考以下活動，其中幾項你可能已經很熟悉了。

## 繪製概念圖（Concept Maps）或關係圖（Relationship Maps）

　　概念圖或關係圖會讓概念之間的連結更清晰明確。網絡上的節點代表想法，節點之間的線路則呈現想法之間的關係。你可以利用概念圖規畫一堂課，或回顧上過的課程內容。關係圖可以在一開始用來解釋課程安排，或你可以在課後要求學生繪製概念圖，好讓你知道他們記得多少，以及課程中是否仍有困難之處。你可以建立一個半完成的概念圖，並要求學生在課程進行中完成剩下的部分──甚至要求他們修正概念圖中刻意的錯誤。

　　一個好的概念圖需兼具功能性和邏輯性。你必須從

一個主要的概念開始，加入等級或結構。使用箭頭和方框連接概念，並將相關概念清楚地組合在一起。更改箭頭樣式以說明不同種類的關係，例如：較深的線條代表更緊密的關係，從大方向到細節，從已知到未知，都要做出區別。

　　儘管有時會搞混，但心智圖（mind maps）不同於概念圖，後者更有條理。心智圖可用於課程開始時，幫助我們衡量現有的知識，並顯示出我們對一個主題已知的部分。這種更自由的「腦力激盪」，讓學生能以更有創造性、更開放的方式思考或刺激討論。只要在頁面／黑板中心開始一個主題，就可以激發學生的興趣，讓學生在你的指導下闡述自己的想法。

## 善用流程圖（Flowcharts and Process Diagrams）

　　有時，不同想法之間是因果關係，或是在時間上按順序展開的某件事。或者，流程圖可以代表決策過程或條件邏輯，也就是「如果 X 如何，便會導致 Y 如何」（if X then Y）的思維。利用流程圖一步一步的方式，最能清楚說明這些概念。

　　要求學生為科學實驗畫出流程圖，並概述不同結果

要遵循的步驟過程。你可以在課程開始時，給學生一個概述複雜過程的簡易流程圖，隨著課程進行，他們會知道自己正位於完整藍圖的何處。另一方面，也可以先教課，然後要求學生編寫自己的簡要流程圖。提供他們架構上的規則或指導方針，或讓他們自己設計規則和符號。

## 利用分鏡發揮創意

用視覺呈現訊息的順序，另一種方式是透過分鏡。分鏡包含容易理解的漫畫、視覺資料或圖表，能用於簡化教材、強調最突顯的重點。分鏡要花時間和精力，這時就可以分派任務給學生，讓他們自己畫分鏡，或設計一個小組合作任務，學生需合作編撰出日後會用到的教學概要或學習手冊。

## 魚骨圖（Fishbone Diagrams）

魚骨圖又稱石川圖（Ishikawa diagram）是描述因果關係的工具，能幫助我們更理解，加入何種因素可能帶來某種結果。「魚」頭代表問題或影響，被拉向它的「骨頭」則是分為好幾個類別的原因。

例如，關於考試不及格的問題，一類潛在原因可能

是「家庭環境」，你可以用對角的「魚骨」來表示。換個角度想，你可以反過來問，什麼原因導致家庭環境不佳，並列舉幾個家中妨礙學習的干擾因素。再更進一步，可以找出造成這些干擾的原因——例如，常有人沒事先通知，就來家裡打擾，或太容易取得電子設備。

基本上，魚骨圖是一個有方向性的心智圖，試圖回答：為什麼某件事會發生的問題。你可以針對個別原因提出這個問題，以深入了解根本的原因。做這樣的練習，可以訓練學生以超越表面的徵兆來觀察某個現象，並深入探討根本原因。

這些圖表可以幫助學生解開因果關係。不同於從頭開始建構一個有邏輯性的論點，這次他們退回原點，鑑識一般地檢視一個已完成的情況。你可以讓學生探索一個歷史事件或假設情況，或用這種方法引導自我反省或績效評估。你甚至可以自己利用這項技巧，讓自己更了解學生的看法，以及他們產生如此看法的思考過程。

## 文氏圖（Venn Diagrams）

一張圖勝過千言萬語；文氏圖能快速傳達兩個以上主題之間的關係，而且可以幫助學生總結重疊區域與差

異區域。你可以要求學生用文氏圖比較和對比兩到三個想法，比起只是把想法寫出來，文氏圖能讓特定關係更顯清楚。

接下來，讓我們舉例說明，如何使用和製作文氏圖吧！假設你想根據身體特徵將各種動物分類。在這個例子中，我們將利用三個特徵，雖然文氏圖也可以根據兩個特徵進行某一點的比較。第一個特徵包含會游泳的動物。列出所有會游泳的動物，例如：水母、狗、水蝮蛇、海龜、人類、鯨魚、魚等等。第二個特徵是會呼吸空氣的動物。你在列表時，會注意到有些例子跟第一個游泳特徵重複，包括：人類、狗、鯨魚、海龜和水蝮蛇。其他會呼吸空氣但不會游泳的動物，有蚯蚓和黑猩猩。第三個特徵是腿。有腿的動物包括許多會游泳又會呼吸空氣的，而有些只會游泳或只會呼吸空氣。前者包括人、狗等等。

現在，我們需要根據這些相似點建立一個圖表。第一步是繪製一個大圓圈，最上面寫著「會游泳」，然後寫下所有動物。在一邊寫下會游泳也會呼吸空氣的動物，而那些只會游泳的去另一邊。現在，畫另一個圓圈，圈住「會呼吸空氣」的動物，但這次請確認，圓周

包括第一圈會游泳的動物。所以人類、鴨子和狗便成為兩個圓圈的重疊，而水母只會在第一個圓圈中。現在，在剩下的空間寫下所有會呼吸空氣的動物。最後，第三圈是「有腿」。第三個圓圈包括另兩個圓圈中所有有腿的動物。所以人類、鴨子和狗也會進入第三圈。只有在第二個圓圈中的動物，也就是黑猩猩，也屬於第三個圓圈。

最後，你會得到三個相交的圓圈，一看就知道每個動物擁有三個特徵中的哪一個。雖然把名稱放對位置需要練習，但一旦習慣了，就是一個能促進學習的強大視覺工具。

## KWHL 表格（KWHL Chart）

基本內容如下：

1. 我知道什麼？（What do I know?）

2. 我想知道什麼？（What do I want to know?）

3. 我要怎樣做，才能知道？（How can I find out?）

4. 我學到了什麼？（What have I learnt?）

讓學生繪製有四個欄位的表格，內容如上所述，利用這四個子目標形成疑問或安排學習活動。事先簡單說明這個方式，讓學生能專注在自己主導的學習計畫上，並讓他們能在最後評估自己的進步和成果。探究式教學再次出現了；在這種情況下，學生會努力組織自己的學習過程，就像老師為他們設計了一堂課。

　　例如，你的學生可能在某個會計／簿記概念上遇到麻煩。你可以為他們設計一個 KWHL 任務——他們能否仔細區分自己已知和未知的？一旦找出知識落差，他們的任務就是尋找有幫助的訊息來源，來彌補這個差距。你可以利用這個機會鼓勵批判性思考，讓學生在自問成效如何時有更多反思。這相當有效，因為他們會回到問題 1 再問一次自己：我知道什麼？我知道的比以前多嗎？

　　以上這些學習方法的共同點是：

- 以快速、簡要的方式傳達大量資料或訊息。

- 強調資料點之間的關係、因果關連、相似和相異處，或者連結有關的順序。

- 讓你能組織教材，並衡量理解、提供回饋、修正或拓展相關領域。

　　一如既往，必須在你清楚了解學生的處境，及你的課想把學生帶往何處之後，才能使用教學技巧（無論團體活動或視覺輔助）。越了解教學內容的本質，就越能選擇合適的技巧，並讓這些技巧真正發揮作用。

　　如果你想讓學生深入了解一個複雜的步驟，可以要求他們觀察步驟演練哪裡出錯並做筆記，然後用以構建魚骨圖。若你想讓學生足夠理解某個主題的現有理論，可要求他們仔細閱讀文本、做註解，並寫下內容摘要。

　　另一個方法是，讓不同學生閱讀不同文本，當他們見面討論時，可以共同建立一個文氏圖，總結文本之間的關鍵相似處。再更進一步，也可以讓他們個別作業，撰寫文章來加以延伸這些相似處，讓他們在融會貫通後寫出全新的分析，並加入自己的想法。

如你所見，唯一的限制是你的想像力，技巧和方法可以結合或調整來滿足你和學生的需求。讓學生參與辯論，對象是其他學生或你自己，同時為辯論過程整理出流程圖。在課程結束時發下包含 KWHL 元素的「小測驗」，看看學生能不能思考自身的進展，並針對下堂課的內容提出建議？

- 一旦掌握了更直接的教學技巧,你可能想嘗試更進階的方法。例如,問題導向學習是一種整合方法:當學生面臨問題時,接受引導並找到解決方案,然後獲得更深入的了解。問題導向學習非常適合賦予學生學習的責任感,創造出符合現實、實用且難忘的課程。

- 蘇格拉底反詰法是以策略性詢問為基礎的深度學習方法。問題可用來發掘假設和偏見,探究更豐富的理解、充實觀點、探討結果和影響,還有檢視論點更深層次的理由,甚至,更仔細地觀看問題本身。

- 蘇格拉底反詰法的關鍵在於提出問題,以便對話者或學生有足夠空間表達看法。一旦你讓他們透露想法,便可以進一步試探他們,要求他們説清楚、詳述忽略之處,或質疑他們所説的話。這些策略暴露了知識落差,迫使學生學習和理解新的概念。

- 批判性思考有助於理解更進階的概念，因為它鼓勵關於個人思考、教材品質以及學習過程本身的後設認知。批判性思考的特徵是開放的態度，和對模稜兩可的容忍，或不把一切視為理所當然的不確定性。通常，它涉及遵循探究式教學，不斷問學生各種問題，挑戰其信念並激發討論和學習。

- 其他進階技巧包括：利用小組合作幫助學習（例如：讓學生當老師、配對──分享、辯論和學生觀察），或使用相關視覺教材（例如：關係圖、流程圖、文氏圖與分鏡）。

- 以上這些更進階的技巧，都需要學生積極主動地學習，進而讓老師能衡量學生的理解程度，並提供有用的回饋。

Chapter 5

學習環境

前面幾章的重點在於，想當老師的人可以做什麼，讓學生的學習體驗變得更好。然而自始至終，我們不得不承認，教師的角色始終是引導者——讓學習過程以最佳狀態自然發生。然而，建立出適合的環境條件才最有利於真正的學習。

　　學習環境不單是實體環境。我們將討論學生、老師、環境和教材之間的密切關係；有效率的老師能確保四個元素密切合作，並得到成功的結果。以下要素缺一不可：積極的態度、對習慣和動機的理解、不屈服的精神，以及能促進學習的學習氛圍，而非讓學生感到恐懼或想逃避。

　　老師常會遭遇困難，但困難通常和教材無關，也不是在尋找高明、有效的教學方式上——而是當他們試圖激勵學生時，經常遇到大麻煩，因為學生根本不在乎！

　　就像在教學中，總有兩個並行運作的課程——課程之一和手上的實際教材有關，另一個課程則在背後運作，透過學習的過程，學生從背後學到紀律、耐力和自我管理。

## 理解動機

　　除非學生有學習動力，否則他們不會想學。沒有動機，智力無關緊要，教材的預設價值也沒意義。但為什麼人們有動力做某些事，卻對其他事興趣缺缺？

　　有個非常簡單的理論可以解釋人類動機，稱為期望理論（expectancy theory），基本上是說，人類是依據行動後預期的結果採取行動。該理論指出，在自己沒有察覺的情況下，你會：

a. 評估可能性：付出的努力將導致可預測的結果或績效有所變化。（我要多努力工作？）

b. 評估任何努力與預期結果的直接相關度。（這項工作會給我帶來什麼回報？）

c. 根據需求和價值觀，決定結果之於你個人有多少吸引力？（結果對我而言的價值評估？）

　　所以，假如體育老師想教學生某項運動的規則，但你真的不喜歡這個運動，如果你知道，反正他們都會給

你很好的成績，你可能更沒努力的動力。同樣的，如果你知道，體育成績只占學校年度總成績的一小部分，你可能更難產生動力，因為體育方面的表現與你在乎的目標沒直接關係——你只在乎年度成績能否合格。最後，考慮到整體的生活目標和價值，你可能就決定了，體育一點都不重要。

學生願意多努力，很大程度上取決於他們為了取得成功必須多努力、這項工作獲得獎勵的可能有多大，以及獎勵是否被視為有價值。努力總是與績效和獎勵掛鉤，因此，當我們教學生時，必須意識到學生為自己建立的連結。除非具備所有因素，否則不太可能有人有動力一直努力下去。

重點在於，吸引所有人的結果或目標並不存在——反之，只有個人認為有價值的結果或目標存在。你可能認為，自己正在教學的主題非常有價值，無法理解為什麼別人不像你一樣，那麼有動力理解它——那是因為在權衡付出的努力和可能的獎勵時，他們做了不同的評估。

你應該猜到了：要激勵學生，我們必須從他們的內

在動機著手。這麼做，絕對有其道理——如果無法預測結果，或我們並不特別期待結果，為什麼你會被激勵去做某件事？動機是由我們對未來的看法和評價驅動——未來就在我們的期望和預期當中，這是另一個關鍵。

這意味著，即使採取行動確實符合某人的最大利益，但假如他們不知道對你或眼前的教材該抱持何種期待，他們就有可能還是找不到動力。這點值得再三重申：現實情況無關緊要——學生的看法才是關鍵。如果很幸運地，學生已有足夠動力展開學習，但當動機被挑戰、挫折或停滯不前的感覺擊倒時，你仍必須了解原因，並重新燃起他們的動力。

當你在思考如何激勵學生時，方法是顯而易見的：增加教材的感知價值（perceived value）。如何做到這點取決於你，但首先要設法了解學生的價值觀和原則，然後將之與教材連結。例如，你原本不想學網頁設計，但你想在行業中保持競爭力，而且也想省錢和時間；不想僱用他人修復公司網站的錯誤，可能會讓你有點動力去了解網頁設計。

嘗試從學生的角度看事情。你是否能確保設計的任

務沒有虛假的假設或無關的場景？讓任務盡可能貼近真實，讓學生親自參與，見證他們正在學習的技巧和知識在現實世界中的價值。所有技巧幾乎都是可轉移的——設法向學生表達教學內容的用處。（有沒有用是他們說了算，不是你！）

即使被認為有價值的東西，有時也需要一點協助，因此請定期提供獎勵，讓每個人都覺得花時間努力值得。表揚和回饋是無價的——你可以不時停下來，說明已經取得進展，並輕拍每個人背以示鼓勵？鼓勵學生評估成果，並為成就感到自豪。若你能表現出對這個過程的熱情（真正的熱情，當然），學生就可能被你的熱情感染。

你的策略是建立對正向結果的預期——正是這種期望才能激勵學生，即使遇到困難或無聊的課程，仍願意繼續努力。確保你非常清楚他們對未來有什麼期待——目標為何，為什麼針對這些目標，以及達到目標時，你跟學生衡量成功的標準是什麼？留意挑戰的程度，並確保挑戰不困難也不容易，而是處於中間的甜蜜點，克服挑戰時，真的會覺得很有成就感。

要讓學生意識到，過程是公平的，這點很重要。發現規則不一致會扼殺動機，或有些人特別受青睞，但卻毫無道理可言。畢竟，如果不能保證結果，為什麼要認真學習——甚至因為努力而受到懲罰？你希望學生知道，在他們投入的和得到的之間，有直接、可預測和可量化的關係。根據你的回饋，他們清楚知道成功和失敗的原因；畢竟對努力的效果感到困惑，很可能會削弱熱情。

## 遊戲化的技巧

遊戲行業最了解如何點燃動力。事實上，遊戲開發和營銷人員非常擅長抓住和保持玩家的關注，許多人會說，那根本是走在製造成癮的鋼索上。然而，如果你對學習的態度就像對上癮的電動一樣，抱持強烈的專注和參與，這樣不是很好嗎？嗯，這或多或少正是遊戲化背後的理論，如何在非遊戲的內容中，善用電動的原則和元素。

家長們想必都注意到了，只要孩子真的在乎眼前的「遊戲」，就很容易維持動機、持續關注和認真投入。學習也是一種遊戲，或至少可以轉換成遊戲。原理很簡

單——若你讓學習充滿樂趣，學生自然會想學更多；不需逼迫或自律。你見過小貓玩耍嗎？小貓邊學習狩獵所需的複雜運動技能，邊享受生命的時光！

每個人都本能地知道，什麼是有趣好玩的，什麼是必須認真（和無聊的）學習的那回事。但究竟遊戲體驗的哪個部分，可將其引入學習環境，讓學習「遊戲化」？如果你曾經玩過電動，那你可能知道其中的一些元素。

首先，遊戲的基本元素是**逐步進步（step-wise progress）**的概念。在遊戲中，你通過關卡、賺取積分，或擊敗競爭對手。你要有方向感、建立目標，甚至可能要和他人競爭，才能晉級，學生知道晉級很重要；他們知道如何定義晉級，而且知道要採取哪些步驟才能取得晉級。

為了追蹤學習進度，你可以使用網路工具，例如：Moodle、Canvas、Piazza 等。你可以在網站上發布所有的課程單元和作業，讓學生知道課堂上的教學進度百分比。你可以要求學生透過網路平台交作業、讀資料、看成績，甚至提出問題。這樣做能引發進步感，因為總進

度的數字會隨之上升。

其次，遊戲經常包含**故事敘述**，包括人物介紹——遊戲設計有個固定範圍，讓學生在其中移動，可能是必須通過的地圖、舞台，或按時間順序的故事。或者，你可以把課程當作長篇故事來呈現。因此，如果你在教美國革命的歷史，別只把它當作一系列事件來教導。在教美國革命的開始和過程中，加入不同觀點和理論，當時和現在人們的看法，包括有趣的軼事等。更重要的是，玩家透過不斷增加的挑戰和複雜性，自然而然形成**鷹架理論**。這意味著，當你越變越厲害時（例如，贏得徽章或解鎖新工具和技能），總有機會很快「升級」。

遊戲的特色是**玩家掌控**遊戲。玩家不設計遊戲世界或設定規則，但他們有權做決定並看著結果發生。就算風險很高，玩家也能掌控並引導體驗，在完成挑戰的同時也得到勝利感和成就感。遊戲的一大吸引力在於，選擇的結果通常是立竿見影的，也就是**即時回饋（instant feedback）**。玩家可以馬上看到不同選擇造成的結果或下場，並及時適應和學習。遊戲結果和行動息息相關，而且能吸引人們投入，因為行動和結果之間有明確直接的關聯。

許多遊戲還包含**協作**元素，需要小組的團隊合作和戰略溝通，才能解決更大的問題。社會連結和分享樂趣的感覺，自然會讓手邊的主題感覺更相關、更有意義。

　　那麼，我們如何將這些概念構築到課程中，讓課程更有趣、更有參與感？廣義來說，遊戲化有兩個方向：你可以改變實際的教學內容，或透過內容呈現的方式改變機制或結構。例如：你可能正試圖教學生學習某個語言的新詞彙。你可以將單字分成不同等級，並使用字卡提示學生，讓他們想起字的意思，藉此來讓教學遊戲化。如果他們辦到了，並擊敗困難的「大魔王」詞彙，就可以晉級到下一階段。

　　這就是將結構遊戲化的例子——詞彙內容也是。你可以更有創意，引進超越平淡內容的主題和想法。例如，可以讓自己和學生化身為兩個對立的玩家，玩家的任務就是贏過對方，你一提出字彙，他們就必須用英文說出正確解釋，才能抵擋你的「攻擊」。這樣做，他們可能會贏得「經驗值」，或在黑板上以頭像或記數往目標前進。但正如你看到的，本質上，這不是一場關於詞彙的戰鬥——你只是想把內容教給學生，吸引學生投入學習內容。

如你所見，實質上，遊戲化是個完美的方法，只要善加利用就能激勵人們的內在動機——只要這個過程被視為愉快、有意義，我們都可以很有收穫並挑戰自我。將教學方法遊戲化，不僅能激發學生付出更多心力，並將所學記在腦中；整個練習也能讓人獲得更多心理滿足。能意識到，有效學習不一定非得嚴肅、沈悶，這是多麼解放自我的一件事！

以類似遊戲的方法應對新的知識和技能，學生將成為指導自己學習的主導者——第一章提到的五種教學方法也是如此。學生能集中精神並掌握進度，悠遊在這個領域中，過程中，嘗試不同事物並加以調整，不必害怕失敗或嚴重後果。身為老師的你，在為學生拼湊方法或課程計畫時，可以融入這種哲學。問自己，如何才能不斷滿足學生的學習需求，並隨著學習進展重新挑戰他們？

教育遊戲有點像是更簡單、更安全的現實生活版本，我們可以嘗試用探險家的心態，將科學方法應用到生活中。這要如何發揮作用？為什麼？我要做什麼？怎樣做才能從 A 到 B，限制行動的規則為何？回想我們之前討論過的動機基礎：

a.評估可能性：付出的努力將導致可預測的結果或績效變化？（我必須多努力工作？）

b.評估任何努力與預期結果的直接相關度。（這項工作會帶給我什麼回報？）

c.根據需求和價值觀，決定結果對你個人有多少吸引力？（結果對我而言的價值評估？）

　　遊戲化的方法能滿足所有要求，不僅能激勵學生，更提高他們對過程的享受，也能達到學習效果。不是消極地把一成不變的內容教給學生，希望他們吸收，而是成為「二號玩家」（Player Two），在學生學習時提供動態響應和互動。這樣更有趣！

　　身為教師的你，試圖把課程遊戲化時，仍必須將目標和方法牢記在心──並非所有遊戲都有助於學習或達到學習效果。當你在計畫任務時，先問問自己：

• 是否設計了類似步驟的任務順序，逐漸增加挑戰難度？

• 是否為學生進行講解，或讓他們自己去發掘遊戲

機制？（這樣更有趣）

- 你的遊戲是否包含即時回饋，讓學生能在改變行為後，快速再試一次？

- 你的遊戲是否不具備「嚴重性」，能安全嘗試新事物而不會受懲罰？

- 有沒有向學生清楚說明如何升級，並安排適合他們能力的挑戰？

- 是否清楚解釋遊戲目標、目的和規則，並建立清楚規範，讓學生知道可掌控和不可掌控的部分？

當學生進行任務時，密切觀察他們感到沮喪或投入。若發現他們推進太快，可以提高挑戰難度，以免他們無聊。當學生逐漸上手時，可以進行調整並加入更多任務。不知不覺間，他們進入遊戲和學習的「流程」中，看來毫不費力，好幾個小時可能就這樣過去了。

假設你正在設法利用遊戲原則來教學生某個科目，記得你隨時可以改變說法以達到最佳效果。例如，你們不是在做工作表和練習，而是在展開探索或完成任務。

你們不會得到成績，但會獲得經驗值、排名或有機會解鎖隱藏關卡。你們不是在進行小組工作，而是組成公會等等，以此類推。

## 關於外在動機

有些老師批評課堂遊戲化，認為遊戲化不會每次都有效，反而會培養出錯誤的心態，讓學生專注於外在而非內在動機。關於利用獎勵和期望來增強動力，你可能也曾心生懷疑。若鼓勵某人因為附加的感知動機（perceived incentives）而採取行動，真的有造成長久的改變嗎？這真的是讓學生投入的最佳方式嗎？

要區別內在和外在動機很簡單：當我們內在有動力，行動是來自自己的看法、態度或信念驅動我們的力量；當受到外部激勵時，我們採取行動是因為外力，比如獎勵或懲罰。這是兩者的區別，一者因為想做而去做，另一個是為了得到別的東西而去做這件事。

問題是，若移除競爭或隨機挑戰之類的遊戲動能，還有其他因素可以激勵學生繼續嗎？答案是肯定的：遊戲化是一種以獎勵為基礎的系統，完全依賴外在動機，因此，還不如鼓勵學生針對手邊任務，尋找自己真實

的、內在的價值評估，這樣做反而更適合或更有效。若只是追求外在目標，有些知識可能不具價值，但知識本身卻有其存在意義。知識就是力量，而不是因為知識能幫你實現某些成果，而是因為，知識讓你成為一個博學的人，知道別人認為缺乏價值近而忽略之事。

若想讓學生參與並保持專注，沒有比遊戲化更好的選擇了。但另一方面，若你想點燃學生對主題的真正熱愛，並希望在移除遊戲噱頭後動機仍在，單單只是遊戲化可能不夠。理想的場景是，學生個人真的對教材感興趣。但要做到這點，學生要覺得他可以掌控成功，擁有必要的技能，而且一開始就覺得目標值得實現（也就是我們之前提過的動機條件）。

當我們考慮到，不是每個人都會以相同的方式回應遊戲化教材，事情就會變得有點複雜了。經典的「玩家」（player）可能會很高興進入競爭層面，並受到獎勵和想贏的渴望激勵。「社交達人」（socializer）可能會從關係和遊戲合作上得到滿足。「追求成就者」（achiever）不在乎機制；他們著眼於獎品並希望贏得。最後，「慈善家」（philanthropist）可能更關心整體意義和比賽傳達的價值，無論輸贏。

換句話說，將課程遊戲化無法代替理解學生的獨特個性和喜好。有些學生甚至可能以消極的態度回應遊戲化。獎勵特定行為的「動機偏移」（overjustification）效應，會使該行為立即失去吸引力，這樣的學生在沒壓力、競爭或外部激勵的情況下，實際上可能表現得更好。

　　身為老師，你的工作是仔細檢視學生如何體驗以獎勵為基礎的系統。你必須真正知道，他們**為什麼**做這些事而非其他事。此外，也必須了解他們動機的更深層來源。如果這個系統實際上反而會減損學生的天生動機和興趣，或提供一些毫無意義的獎勵，你不會想引入這樣的系統。一開始，學生可能覺得遊戲化活動很吸引人，最終卻會感到厭倦，轉而尋找更有意義的事物。像成癮一樣，用戶會增加耐受力（acquire tolerance），同樣的行為反而需要更大的獎勵承諾才讓人想去執行！

　　仔細觀察學生的精力和感興趣的程度，並留意獎勵對他們的表現有何實際效果。他們可能會開始在框框裡打勾、爭取獎勵，而非專注於如何做好手上的任務。例如，若你發現學生匆忙練習，只為了贏得完成後的點數，卻沒花時間仔細完成練習，那遊戲化可能沒發揮作

用。不幸的是，必要時的勤奮和努力則是無可取代的。

與其他教學技巧一樣，歸根究柢，是否遊戲化的問題只有一個重點：在這種情況下遊戲化是否仍管用，或者最終仍是無效？關於這一點，讓我們轉向更廣泛的學術「環境」另一面，這對學生的表現有著重大影響。

## 學術浮力（Academic Buoyancy）

學術浮力的概念是，克服我們自身內部學習障礙的第二個關鍵。

學習注定困難，就算先天智商高也一樣。凡事得來不易，若我們的目標是將知識融會貫通，就更是如此。然而，許多人會在一發現困難跡象時就放棄，於是自己就出局了。

面對學習挑戰不放棄的人，可謂擁有學術浮力。就像智力一樣，這並非與生俱來的特徵，而是可學習的技巧、可培養的習慣，而且能更進一步得到跨越挑戰、持續學習的能力。

自信只是學術浮力的要素之一，但只有信心才能讓我們克服恐懼和焦慮。在第一章，我們討論了信心如何解放你的動機不足。想像一下，如果能集合所有元素，在遇到學習的艱辛時，你會覺得更有力量。

雪梨大學和牛津大學的學者表示，若善加開發五個 C 的特質，就能導致學術浮力。這五個 C 是：冷靜（composure）、自信（confidence）、協調（coordination）、承諾（commitment）和控制（control）。這些特質並非學習特有，但卻能改善學習。

為什麼這些特質之於克服跟學習有關的障礙很重要，答案相當明顯──這些障礙大多跟內容或訊息本身無關。換句話說，多數障礙與我們的心態有關；一天結束時，信念和毅力最終成為我們和有效率學習者之間的差別。這些特質的影響遠比本書提到的任何技巧強大。意思是，有志者事竟成？是的──學習這件事，很大程度上取決於你的感受，剩下的就是節省時間並更聰明地學習。

**冷靜**是管理和減少焦慮的能力。當學生在學習時感到焦慮，通常是因為他們害怕感到羞恥和尷尬。若其他

人發現我們正嘗試學習知識，並期望我們展現給他們看時該怎麼辦？若這件事發生，而我們徹底失敗了怎麼辦？我們失敗了怎麼辦？

　　恐懼可能使人麻痺。當人們無法控制自己的焦慮時，便會被恐懼壓得喘不過氣來，被體內產生的緊張逼得元氣大傷。在最壞的情況下，憂慮會完全戰勝思考，讓學生無法專注和理解新的訊息。但有個好消息是：那些恐懼完全沒有根據。

　　由於焦慮主要基於對失敗的恐懼，我們必須直接解決這個問題。當我們思考恐懼時，總會設想最壞的情況。無論我們在哪裡「失敗」，都會想像那就是世界末日。這就是所謂的思維災難化（catastrophization），當你無視現實結果，直接跳出激烈的結論時就會導致這種情況。

　　控制自我對話可以克服這種傾向。承認負面的事情可能發生，但你的許多想法可能是非理性、虛構的。思考其他解釋和結果。

　　若你發現自己正在擔心，那請樂觀地駁回擔心。若

你因為錯誤而自責，提醒自己這是個學習機會，下次你會做得更好。任何負面想法都能以正面、鼓勵、寬容、接納的選擇加以反駁。隨著時間推移，大腦會開始接受這些反駁，比負面、可怕的想法更有效。如果對你來說焦慮是個問題，那就用樂觀主義面對吧。你可以擊敗這個恐懼的夢魘。你可以重拾冷靜，並獲得學術浮力。

**自信**，也稱為自我效能（self-efficacy），是一種能夠執行特定任務的信念。當我們缺乏信心時，我們便確信無法成功實現目標。我們會貶低、侮辱自己，無視已經取得的任何進展。這種情況發生時，在向自己和他人證明我們一無是處之前，我們經常提前放棄目標。問題是，放棄就代表失敗；確認對自己的負面信念可能正合你意，但拋開疑慮，達成目標時確實讓人更滿足——而且壓力更小。

如果你準備好提高信心，可以運用兩種主要的技巧。首先，正如前面關於冷靜的部分提到的，自我對話。當大腦告訴你，你註定失敗或某個科目對你來說太難了，你學不會；就用主張反駁那個想法，跟自己說，你會繼續學習，而且付出時間和努力後，一定會成功。如果你不斷質疑這些想法，它們就會隨時間消逝。

第二種方法更具體：設定目標。完成任務時，我們自然會獲得信心。當我們有成功的成績記錄時，就越來越難相信那些自我懷疑有任何可信度。最快的方法是建立每天、甚至每小時的學習目標，並看著自己一次又一次完成目標。如果做到了，恭喜你！你達到的每個目標都會讓你距離精通技能的最終目標更近一步。不僅如此，你達到的每個目標也都證明你有足夠技能和毅力，才能達到為自己設定的目標。這表示你對自己的信心真實且合理。

協調意指能做出計畫並有效管理時間。當人們無法做到這點時，便經常成為規畫謬誤（planning fallacy）的犧牲品。規畫謬誤指出，人們並不擅長決定要花多久時間才能完成任務。一般而言，我們會假設任務將花上比實際所需更少的時間。更糟的是，當我們認為任務不會花太多時間時，就會經常推遲，因為我們誤以為有足夠的時間完成這些事。這通常不是真的，然後我們就會發現，自己遲交作業，而且也沒做好學習任務。

可以採取以下幾個步驟，以減少這類問題。盡量減少工作區域的干擾，這是個很好的開始。關掉電話，關上房門，告訴朋友或家人你很忙，不想被打擾。在你有

必須完成的新任務或必須學習的主題時，你就該趕快這麼做。拖延會導致遲交，馬上採取行動才更能善用時間。記得，先做最費時、最困難的任務。如果最後才做它們，會衍生出虛假的安全感，可能導致期限到了，而你的工作卻還沒完成。先完成困難的任務則有相反的效果，讓你能為更簡單的任務做好準備而且提早完成。

**承諾**，也稱為勇氣，是熱情與堅持的組合，可以培養並幫助你實現目標。持續一天或一星期的學習很容易，但要試圖建立新的習慣卻經常失敗。我們會發現，自己無精打采地窩在沙發上看另一部電影或電視節目，而不再投入心力讓自己變得更好。這讓我們困在相同的情境裡，浪費寶貴的時間，但我們明明可以利用這些時間，改善自我和我們的處境。

跟前面一樣，自我對話可以成為加強承諾的有用工具。說服自己去做，並說服自己可以堅持到底，這麼做很有用。讓別人支持你，並在你感到低落時鼓勵你學習，可以增強你的個人責任感，即使精力減弱也能繼續前進。

堅持到最後，明白自己是為了什麼犧牲和付出後，

將更有力量。如果不明白現在的忍耐會帶來什麼好處，或幫助我們避免哪些痛苦，我們有時會失去動機。抓住這個訊息能幫你達到什麼夢想？一旦掌握了這個訊息，就能克服哪些艱辛和困難？把這些牢牢記腦中，比起現在面對的痛苦，記得你是在為更偉大的目標奮戰。

最後，**控制**。我們必須感覺可以控制自己的命運。關於這點，有許多不同的面向。首先，我們應該覺得自己有能力和潛力達到想要的學習成果。缺乏控制會讓我們覺得只是為了行動而行動，永遠無法接近最終目標。在前面的章節中，我們已經提過這點，但天生的智商並不代表一切。嗯，智商很重要，但對位於鐘形曲線中間段、99％的我們而言，並不造成影響。我們必須明白，努力工作就有可能達到想要的結果，而過程中無法避免掙扎。我們應該預期會有痛苦不安，而非把它視為例外。

第二，在學習過程中要有主人翁意識（sense of ownership）。當我們在工作中有控制感，便能感到個人責任感或主人翁意識，推動我們做到最好，並在面對挫折時繼續努力。當我們沒有主人翁意識時，工作和學習似乎是徒勞的，就像在浪費時間。我們只會覺得，別

人叫我們做什麼就做什麼，這是雪上加霜。

主動確定目標為何，並安排每天的工作以達成目標，就能擁有主人翁意識。將命運掌握在自己手中並制定計畫。你可以選擇迎合他人的期望、目標和計畫，或為自己量身打造一個專屬的目標。

學習本身並非一項艱鉅的任務，但缺少學術浮力元素只會讓你走向失敗。學術浮力是有效學習的先決條件，而不只是單純的學習策略。

將學術浮力定義為彈性（resilience）或許更好，也就是：適應壓力的能力。有彈性的人能「克服一連串困難」，認為困難不會持續太久並適應逆境；不具彈性的人面對壓力和生活變化時更難熬，無論困難大小。輕鬆面對小壓力的人可以更自在地處理重大危機，所以彈性對日常生活有諸多益處，在面對罕見的重大災難時亦然。

心理學家蘇珊·科巴薩（Susan Kobasa）指出了彈性的三個要素：(1) 把困難視為挑戰；(2) 無論如何，都致力實現目標；(3) 只把努力和關注放在自己能控制的

因素上。

心理學家馬丁‧塞利格曼（Martin Seligman）則指出了彈性的三個不同要素：(1) 將負面事件視為暫時且有限的；(2) 不讓負面事件定義自己或自己的看法；(3) 不因負面事件而過分責備或貶低自己。讓負面事件迅速消失，而且不把挫折視為個人的缺失。

在實現學習目標方面，這六個彈性的因素都可以發揮作用。你可以從失敗中反彈。失敗是生活的一部分，面對失敗後採取的行動，才是決定我們的個性及最終成功的關鍵。

## 有效失敗（Productive Failure）

在多數情況下，我們將成就與成功綁在一起：獲勝、正面的結果，以及找到解決方案。但在學習中，成就的關鍵組成之一則是失敗。

新加坡國立教育學院學者馬努‧卡普爾（Manu Kapur）提出有效失敗的說法。該哲學建立在學習悖論（learning paradox）之上，沒有達到預期效果一樣有價

值，甚至更有價值。這不是情緒造成的影響，而是神經系統的影響。

卡普爾表示，公認的灌輸知識模式——賦予學生結構、早期指導和持續支持，直到學生自己得到力量——可能不是實際推廣學習的最佳方式。儘管該模式看似有理，但根據卡普爾的說法，最好讓學生獨自奮戰，而不提供外援。

卡普爾對兩組學生進行了一項試驗。其中一組，現場的老師提供學生全面的教學指導去處理一系列問題。第二組也需處理相同的問題，但完全沒有老師協助。相反的，第二組學生必須合作尋找解決方案。

得到支持的小組能正確解決問題，而放任不管的小組則無法辦到。但沒了教學支持，第二組被迫透過合作，更深入地挖掘問題。他們產生了關於問題本質的想法，並推測出可能的解決方案。他們試圖了解問題的根源，以及有什麼可行的方法解決問題。學生調查了多種解決方案、方法和角度，最終提出對問題的多面向理解。

之後對兩組學生進行了測試，結果天差地遠。沒有老師協助的小組明顯優於另一組。沒有解決問題的這組卻在失敗中發現了卡普爾所謂的「隱藏功效」（hidden efficacy）：他們透過小組調查和過程，培養出對問題結構更深的理解。

　　第二組學生雖然沒解決問題，但卻學到了關於問題的更多面向。從此刻開始，當那些學生遇到另一項測試的新問題時，比起被動接受老師的專業知識，他們更能有效利用這次試驗獲得的知識。

　　因此，卡普爾主張，失誤、誤解和摸索是第二組學生學習過程的關鍵。當第二組學生靠自己的力量積極努力學習時，他們記住更多知識，能應付未來遇到的問題。

　　根據卡普爾的說法，以下三個條件可使有效失敗變成有效率的過程：

- 選擇「具挑戰性但不令人感到挫敗」的挑戰。

- 給學習者機會解釋並詳述流程。

‧讓學習者比較和對照好的及壞的解決方案。

　　對學習而言，跟某件事奮戰會帶來正面影響，雖然還需要紀律和延遲滿足感的配合——這與我們的直覺背道而馳。這麼說好了：怎能讓失敗影響我們呢？

　　過程中的某個時刻，你可能會遇到一或兩次失敗，並伴隨著想放棄的想法。甚至在開始前你就想放棄了，這可能會導致嚴重的焦慮，並在學習過程中徘徊不去。

　　預期會有挫折但別屈服。

　　事先預期會有挫折是好的——但要有如何處理挫折的計畫。草擬一個減輕挫折感的計畫或想法——挫折通常會發生，你可以暫停、充電，並且和問題暫時保持距離。通常，暫停的舉動就能允許客觀滲透，讓你更清楚地釐清煩惱。無論如何，它會減輕最直接的焦慮，並讓你有機會用更放鬆的心態解決問題。

　　對於精神上的不適和困惑狀態，問題在於能否處之泰然。這種狀況類似雜耍時同時往空中丟十顆球，卻不

確定何時可以停止。

　　學習模式不同於結果模式，兩者對於成功有完全不同的評量標準。學習是在尋求知識的增長——只要有任何增加，就是成功的學習。重新塑造期望，讓學習本身跟結果一樣重要——甚至比結果更重要。

　　外顯和靜態的知識，例如：事實和日期，不一定會從這種習慣中受益，而且也沒必要。但要傳遞深刻、有層次的理解，不能只是隨便塞進大腦，必須加以掌控和應用，並且了解到，過程中注定會遇到失敗。在某種程度上，失敗發揮的功能就類似我們前一章提過的問題類型，讓你能以沒有發揮作用和不正確的部分作為基礎，然後慢慢地對知識和理解進行多重檢核。

　　最後，失敗會成為我們下一步的藍圖。這是個在計畫之外的運行測試，讓你能夠為未來修正更精確的方向。

　　例如，假設你正在開闢一個菜園，種菜過程中，你很注意使用的步驟和技術，然而到了收穫之時，有些植物卻沒有如預期一般地生長。是因為用錯土壤嗎？利用

資源找出用錯土壤的原因及需要加些什麼。失敗的植物是否離其他植物太近？學習能在小空間內讓種植植物最大化的技巧。

即使只是在學習中，但避免失敗的生活和行動，將導致與積極追求成功截然不同的結果，這是隱藏其中的事實。前者的方法是想控制方向和風險，後者則不計代價地專注於最終目標。失敗不一定是你的朋友，但會是你必要時的夥伴，無論你喜不喜歡。考慮到這點後，採取承擔更多風險的方法或許更有意義——而且收穫將會更多。

## 從批評中解放

某種程度上，老師可以傳授給學生的最佳課程，是一種面對風險和失敗的健康態度。身為老師的你應該以這種心態處理整個學習過程，並有力地傳達給學生學習的界線、心態的價值等等。因此當我們討論失敗，以及失敗比成功教得更多時，也應討論攸關學習之失敗的心理層面。

免於批評的學習環境，能培養出面對失敗或挫折的

堅定態度。若失敗對學習過程來說如此重要，那我們就必須確保學生有足夠的自由冒險並嘗試新事物，而不會因為這麼做而感到愚蠢。批評是一種和自我相關的遊戲——是定型心態（fixed mindset）的思維，將知識和學習視為增強個人認同或贏得討論的工具。

當自我（ego）將個人價值和認同、成功畫上等號時，問題來了。從另一個角度來說，面臨失敗、錯誤、無知、拖延或挫折時，我們的自我認同會遭到打擊，自我價值也會受到威脅。因此我們不是想著「我失敗了」，而是認為「我是個失敗者」你會發現哪種態度更有可能導致自我修正和學習。諷刺的是，執著於自己總是對的、從不犯錯或失敗，導致我們面對逆境時更缺乏彈性，更不可能真正進步和學到東西。

這聽起來很矛盾；當我們開始學習時，顯然是想獲得更多掌握、洞察力和理解，但卻必須付出代價。我們經常覺得自己像是個初學者，必須不斷面對自己的無知和技能上的缺乏。容忍失敗以及不確定性、模糊性和複雜性，擁有這樣的後設認知技能很重要。一個好老師會讓學生覺得可以實驗、嘗試、失敗、調整和安全地提出問題，他們的自我價值或認同感無需承擔任何後果。

但你可能會想——學習經驗非得這麼痛苦、充滿錯誤嗎？成功和自豪的正面感受肯定也是很大的動力，不是嗎？你可以想像，經常面對自己的缺點或失敗很快就會讓人士氣低落並導致學習效率更低，而非學得更好。為了更能理解這種平衡，我們要討論一下羅沙達比例（Losada Ratio）的概念，這是心理學家馬歇爾‧羅沙達（Marcial Losada）和芭芭拉‧弗雷德里克森（Barbara Frederickson）首先提出的概念。

這個概念是指負面情緒和正面情緒有個固定比例，最能支撐成功、平衡的生活。利用數學模型，他們發現理想的比例落在 3 ～ 11 之間，這意味著，為了讓一個人好好茁壯成長，正面評論、想法、思考、感受的數量，必須大約是負面感受的 3 ～ 11 倍。

正面的回饋、獎勵和強化當然有幫助，但太多反而會適得其反。

批評、失敗和挫折有助於學習，但太多反而會使人失去動力並感到沮喪。如果人們接收到的正面訊息大約是負面訊息的 3 倍，將會茁壯成長。然而，如果正面和負面訊息的比例高於 11：1，效果反而會消失，也就是

觸及了羅沙達線（Losada Line）──至少根據這個理論來說是如此。

巧合的是，原始的羅沙達比例論文，如今因缺乏科學有效性而遭到嚴厲批評，而且這個概念已經被徹底揭穿。儘管如此，它受歡迎的程度確實表明，這個概念仍有存在價值：正面和負面情緒的體驗應處於最佳平衡。

身為老師的我們，可以忽略理論背後的科學依據，並認同學生在挑戰與輕鬆，成就與失望之間，確實可能存在一個理想的比例。再次強調，跟學生持續動態合作這件事本身無可取代。正、負比例可能每天有變，或取決於目前手上的主題，但我們多數人，確實可能在正面多於負面的情況下達成最好的發揮。

## 理解回饋

每當我們與環境互動或接觸新訊息時，便會得到回饋。回饋是因果關係，讓我們知道行動的結果。然而，身為老師的你，促進了這個過程並給予學生回饋，刻意支持、指導和鼓勵他們。相對於目標，回饋是攸關我們表現的訊息。回饋就像對話──意義在一來一往中產

生。事實很簡單：當學生知道，他們的行為有何整體影響時，他們可以調整自己，最終提高學習績效、自我評價和意識。

不知從何時起，不管學生表現如何，機械式地拋出「做得很好！」變成很普遍的事。然而，空泛或不真誠的讚美毫無用處，就像沒有說明評斷的標準就給出成績。身為教師，給予良好、可行、有意義的回饋是一門藝術。關鍵在於如何給回饋，而不是使用特定詞語。在回饋這件事上取得平衡，應更傾向於給予正面而非負面回饋，有品質的回饋應具備以下特點。

## 1. 尊重

作為基本，學生應該受到一視同仁、有尊嚴和禮貌的對待。這麼做能讓學生好好收到回饋，而不是針對個人的攻擊。例如，在男性主導的工作場所，對女性員工的回饋這麼做才有效：讓她真心覺得，這跟她的表現有關，而非因為她是女性。

## 2. 及時性

回饋應該盡可能接近事件發生的當下。例如，別等待兩週才評估計畫績效；你的回饋不太可能「留得

住」。說到這裡，為了讓回饋逐漸形成，必須經常少量給予──若只給予一次大評價，會讓學生在這段時間感覺，就像待在黑暗中無所適從，而且經常給予回饋，提供了修復錯誤的機會。

### 3. 明確

讓學生知道自己的立足點及原因。模糊的回饋會讓人們感到壓力並對自己感受不佳。讓學生清楚知道，他們做對了什麼、需要改進之處，還有相較於他人，他們表現如何或一致的標準為何；最重要的是，他們可以採取什麼具體步驟來補救。若學生感覺受到侮辱或被貶低，他們不會有下一步該做什麼或如何改善的想法。

### 4. 使用「三明治」法

可依循從讚美開始，接著更正，然後以讚美結束的結構。如此一來，回饋在正面訊息的緩衝下，更有可能達到激勵和鼓舞效果。例如：「你的開場很棒，而且呼吸控制得很好。高音仍然感覺有點不穩，但你堅持到最後，尤其是最後的合唱。」當然，讚美必須出於真心！

### 5. 描述而非評價

「你展現了努力成果，讓我們更容易跟上你的進

度。」這樣的回饋會比以下這句更有效：「嘿，你展現了努力成果，幹得好。」二者的區別很微妙，但第一個例子鼓勵了內部動機，並解釋，為何我們認為那樣做有幫助。學生可以自行整理出結論，這比僅僅被告知「你太棒了！」令人感到更名副其實的自豪。

同樣地，將回饋集中在行動、技巧或能力上，而非個人屬性。這樣做鼓勵了成長心態（growth mindset），能增加對失敗和錯誤的容忍度。因此，說出「你的仰泳後續動作真的越來越強」比「你是天生的天才游泳選手」更可能培養出自信，後者的回饋不會帶給學生努力的動力。出於同樣的原因，也應避免建議，例如「你應該做 XYZ」。

## 6. 別把回饋個人化

如果學生特別敏感，你仍可以設法給予回饋，但別直接提到他們。提出表現不佳的模式然後批評自己，或談論假設性的例子。根據學生的個性，要求他們評價自己可能也有用，甚至要求學生給予教學回饋——讓學習過程感覺就像和彼此合作，而非老師以動態權力評價學生。出於同樣的原因，避免讓回饋流於解釋；你個人對學生的表現有多高興或多沮喪——這根本毫不相干！

## 7. 結合所有方法

你可以給予多種方式的回饋。留意什麼回饋對學生有用，並調整你的溝通方式，讓學生能聽進去。思考學生天生的激勵因子，然後在給予回饋時吸引那些因子；例如，若你知道學生以精通和勝利為動力，便可以強調表現的相對排名。嘗試口頭回饋，也可以寫小紙條，或小小的、不顯眼的書面更正。有時，一個簡單的微笑或豎起大拇指也能發揮效果。甚至可以和學生一起觀看來自第三方的回饋。

即使你的回饋是友善、合理且清楚的，請記住批評仍然難以忍受，因此請善待學生。嘗試在真誠和同情之間取得平衡，避免一下子倒給學生大量訊息，把他們壓垮。

給回饋是為了調整現實生活中的學習，但它也是一個情感體驗；要注意這一點，並給予學生空間，用自己的方式處理你跟他們說的事。若你從不交付帶有評斷的回饋，學生很快就會學會別那麼做。鼓勵這種中立心態的方法是善用回饋。良好的回饋應該是**可採取行動的**。讓學生告訴你，他們計畫怎麼做或如何採納你的建議。這是在授權給學生，可以集中心智，讓學生快速擺脫可

能的尷尬或失望感，然後繼續前進。

更棒的是，當你將回饋連接到有意義的行動時，就會看到動向展開——下次你評價學生時，可以給他們最令人滿意的回饋：「我發現你接受之前的回饋並真的付諸行動，因為你付出努力，所以真的進步了。做得好。」對於你給的每個回饋，嘗試製造機會回應這個回饋，做出真正有意義的改變。

好的回饋可以幫助學生內化自我評估能力，在觀察後做出調整，並教會他們如何思考自己的進步。不管你在什麼時候給出了什麼回饋，積極的語言都可以發揮強大的力量。再一次，重點不在於你說了什麼，而是怎麼說。好的回饋包含具體、詳盡的細節來定錨學生的行動，同時也包含有情感成分。你的用詞能傳達你對學生的尊重、支持和積極關注。

不要說：「我聽不清楚你說的每個字。」而是說：「你抬起下巴大聲說話時，聲音聽起來比較清楚，也比較能在演講中傳達你的熱情。」

與其說：「這幅畫簡直一團糟。」你可以說：「我

不認為這次你試圖把這些元素放在一起呈現出好的效果，我覺得你對色彩的使用沒完全傳達出你的意思。」

別這麼說：「你會受傷是因為你緊握球棒的方式不對。」可以這麼說：「你認為，像那樣緊握球棒的效果如何？如果嘗試把球棒舉高一點，你覺得會有什麼改變？」

回饋不同於**建議**，也跟**評價**不同。把某件事的好壞說出來，實際上無法幫助學生學習或進步。思考你在給予回饋時扮演的角色，你應該是幫助學生自然學習的人——也就是，我們行動，然後行動產生了結果；如果我們想學東西，最好注意到這些結果，然後做出調整。

請注意學生的行動引發的結果，並將其與目標連結起來。持續不斷地進行，學生就有足夠機會實際深入教材，並精進他們的理解和技能。當你產生疑問時，偏向於回饋而非教學（即第一章教學方法的「整合式教學」）。

檢視自己給回饋的技巧，記得常問自己以下的問題：

- 我的回饋與目標是否有關？如果回饋能呼應目標，效果會更集中，我正在評估的行動會帶著學生更接近或遠離既定目標？（再一次，我們更加明白，為什麼學習時有明確目標如此重要。有時，只是提醒學生更大的目標，就足以進行課程修正。）

- 你的回饋是否詳細、具體、可依此採取行動？你有沒有給予指導，或觀察學生可依據指導真正做些什麼？例如，批評學生的表現沒展現出實力並無幫助。讓回饋不帶一絲評判、假設和期望，給予回饋時只參考清楚、中立的事實，以及下一步該如何做。

- 你的回饋是否適合特別的學生？回饋是一種溝通，若沒正確接收，就表示溝通失敗。你是以可理解的方式跟學生說話嗎？

- 關於任務、過程或表現，你的回饋是否包含有意義的訊息？換句話說，你提供的訊息是否真的提供省思和學習的機會？

**好的回饋：**

- 是清楚、有目的、有意義，且與先驗知識[5]相容的。

- 專注於學習意圖和成功標準。

- 在學生進行學習時發生；因此，口頭回饋比書面更有效。

- 提供學生為何已達到或未達到標準的訊息。

- 提供改進策略。


　　根據著名教育學家約翰・哈蒂（John Hattie）的學說，當回饋解決了「我的目標在哪裡？」「如何達到目標？」和「接下來呢？」這些基本問題時才最有幫助。這些問題強而有力，因為參照學習目標後，縮小了學生現在位置和應該在哪裡二者之間的差距。老師應該尋求的，另一種強而有力的回饋形式是——學生向老師展

---

[5] 先驗知識（prior knowledge）：近代西方傳統中，認為「先驗」意指「無需經驗」或「先於經驗」獲得的知識。先驗通常與後驗知識相較，「後驗」意指「有經驗之後」，即「需要經驗」。

示，他們學到了什麼（形成性評量[6]）。

作為明確的教學文化一部分，教師應在「一起做」和「換你做」的階段經常提供指導性回饋。重要的是，明確的指導通常會突顯出犯錯的正面作用——老師能立即給予糾正，以確保學習目標的實現。若老師建立了安全的環境，讓學生能自在地冒險，這類「錯誤訓練」（error training）便能在教室裡帶來更好的表現。

老師也能利用學生的評量資料，以及在課程會議上請學生給予回饋，作為教學成效的檢討。在全方位教學成果的改善過程中，學生的回饋是必需的。

在 2017 年獨立公立學校（IPS，Independent Public School）審查結果中，審查員曾說：「與學生領袖的討論顯示，達到目標設定以及老師持續對學生的表現提供回饋，對學習有強大且正面的影響。」

---

[6] 形成性評量（formative assessment）：在教學活動進行中，對教師教學安排及對學生學習表現進行的評量。

- 學生只在有動力時才會學習，因此老師的職責是建立能支持動機的學習環境。

- 人類會採取行動，是根據需要付出的努力程度、可能結果，及對結果感知到的期待度去進行評估。老師可採取以下方式激勵學生：提高學習目標及其過程的感知價值，以及在不破壞內在動機的前提下，提高對正向結果的預期。

- 遊戲化是一種將遊戲元素帶入非遊戲情境的方法，例如：學習方式。教師可以使用「晉級」的鷹架理論，讓「玩家」控制比賽，鼓勵戰略合作，並確保學生收到每個行動的立即回饋，而且遊戲是由充分理解的目標和對於「規則」的預期進行引導。

- 老師應該隨時鼓勵學生具備學術浮力，包括冷靜、自信、協調、承諾和控制。擁有培養這些特徵發展的心態，就能克服並掌握學習的困難層面，面對教材本身亦然。

- 有效失敗的觀點是，失敗本身就是一位寶貴的老師，比成功更能促進理解和精通。教師可以模擬面對失敗的最佳態度——失敗是正常、可處理的，而且確實對學習有幫助。

- 好的老師應該創造免於批評的學習環境。把學習成果和學生的自我價值或認同區分開來，讓失敗和錯誤不被視為威脅或羞辱。當老師採取不批評的模式，學生就能在學習過程中安全探索、實驗和嘗試犯錯。

- 回饋是良好學習環境的重要元素。好的回饋是針對討論的目標，盡量具體且詳細、及時、有意義、相關、讓學生容易理解，並為接下來的行動帶來清晰和實際的步驟。回饋不是評判、建議、表揚或批評，這些對學習過程本身都不是有意義的闡述。

# Chapter 1　從教學中學習

- 藉由這五個常見的教學方法，我們可以成為更好的老師，無論是在課堂上或比較輕鬆的場合。

- 建構式教學是在學生已知的訊息基礎上，向上堆疊知識和技能。在現有的知識上提及相關訊息，幫助他們「建構」新的知識，並連接兩個不同的概念。

- 整合式教學強調讓課程更實用，可以實際運用在真實世界中。新的訊息跟學生越相關、越情境化，學生越有可能記在腦海裡。

- 協作式教學利用學生之間團隊合作的優點幫助學習，讓學生接觸每個人擁有的獨特觀點和知識，進而達到互相教學的效果。

- 探究式教學要求學生提出問題，找出獲得解答的方法，然後得出解答，或結合以上三種教學方法，作為一種指導學習的方式。

- 反思式教學是為你面前的學生量身打造出最合適他的教學方法，必須經常花時間評估：何者有效、何者無效。

- 大腦不是機器。認知負荷理論告訴我們，大腦的能力有限，讓學習效果最大化的同時，我們必須有策略地思考，盡量減少負荷。透過各種方式可以達成這項目標，但應該尊重大腦的自然學習過程，而不是一味強迫。有些策略強調讓教材集中在特定主題，盡可能重複訊息，並利用各種方式引起感官注意。

- 鷹架理論的原則，在於微小、漸進式的改善，從更小、更簡單的概念開始，建立起更大的概念或技巧。可以總結為「我先做／一起做／換你做」；過程中，老師逐漸將控制權和主導權移交給學生。

# Chapter 2 看見願景

- 優秀的老師懂得「看見前方的風景」；他們對學習領域的理解使其能定下目標和標準，設定任務的優先順序，並衡量學生目前的理解程度。

- 概念圖是複雜內容的簡化模式，讓不同概念之間的連結更清楚。概念圖可由學生、老師共同繪製，一起衡量知識落差、計畫課程、學習課程，並評估學習成效。

- 概念圖由簡化的訊息組塊組成，強調彼此的關聯或連結。一個好的概念圖是相關、簡單且準確的，並建立於現有的心智模式和知識上。

- 一旦確認學生已知的部分，下一步就是計畫如何利用它。在某些情況下，這會很簡單，因為你只需教他們某些概念，幫助他們理解你一開始想教的主題。你也可以結合概念圖和探究式教學，將學生已知的部分轉化為問題，引起他們的好奇心，使其渴望了解更多。

- 費曼學習法是一個「掌握大方向」的技巧，讓老師跟學生都能找出自己心智上的盲點。首先，用提出問題的方式確定概念，用簡單的文字寫下解釋，然後找出解釋不適用或資料遺漏之處。然後，利用類比的力量填補空白，也就是利用既有的心智模式，幫助理解新的內容。

- 類比可以幫助學習，因為它連結了新、舊知識。類比可以是反義詞、類型或特徵，根據已經理解的概念，來表達出新概念的特質。盡可能多用類比會達到最佳的效果，並促進高階的抽象思考。

# Chapter 3 基本要領

- 有很多實用的方法能在學習過程中提供幫助。SQ3R 學習法是一種塑造學習方式的過程，透過概覽（掌握教材的概要）、發問（透過提問發展更深層的理解，來引導學習）、精讀（積極仔細地吸收教材或訊息）、背誦（鑽研所學內容，加以組織並牢記在腦海中）和複習（根據整體目標和開始時的狀態，評估進步的程度）。

- 布魯姆分類法說明精通的關鍵是累積，而通過各等級的類別層次便能逐漸加深理解。這些層次包括：記憶、理解、應用、分析、評估、創造。每個等級中的投入程度取決於對上一級的掌握。身為老師的你，可以把這些階段記在腦海中，塑造出漸進式的挑戰。

- 間隔重複或分散練習是一種加強記憶和回想的方法。以頻繁的間隔背誦或複習教材，並盡可能拉長間隔，而不是試圖一次「把東西塞進大腦」，這樣做學習成

效並不理想。關鍵是持續和間隔練習,讓學生自己練習回想。

- 康乃爾筆記法教學生自然而然記筆記,之後再從筆記擷取關鍵主題和重點,然後總結主要的發現,並因此發展出教材的概念圖。這麼做不僅能增進記憶,也能加深理解程度。

- 最後,有目的的註解雖然在閱讀過程中完成,但實際上卻會發生在閱讀前、閱讀中和閱讀後。閱讀應該更積極且經過指導;必須事先知道為何要讀,以及讀完後打算利用這些訊息做什麼。相關知識能讓你做好準備,專注在閱讀上也讓你更容易做出選擇,知道該在文本資料中使用何種註解(畫重點、筆記、符號等)。

# Chapter 4  進階技巧

- 一旦掌握了更直接的教學技巧，你可能想嘗試更進階的方法。例如，問題導向學習是一種整合方法：當學生面臨問題時，接受引導並找到解決方案，然後獲得更深入的了解。問題導向學習非常適合賦予學生學習的責任感，創造出符合現實、實用且難忘的課程。

- 蘇格拉底反詰法是以策略性詢問為基礎的深度學習方法。問題可用來發掘假設和偏見，探究更豐富的理解、充實觀點、探討結果和影響，還有檢視論點更深層次的理由，甚至，更仔細地觀看問題本身。

- 蘇格拉底反詰法的關鍵在於提出問題，以便對話者或學生有足夠空間表達看法。一旦你讓他們透露想法，便可以進一步試探他們，要求他們說清楚、詳述忽略之處，或質疑他們所說的話。這些策略暴露了知識落差，迫使學生學習和理解新的概念。

- 批判性思考有助於理解更進階的概念，因為它鼓勵關於個人思考、教材品質以及學習過程本身的後設認知。批判性思考的特徵是開放的態度，和對模稜兩可的容忍，或不把一切視為理所當然的不確定性。通常，它涉及遵循探究式教學，不斷問學生各種問題，挑戰其信念並激發討論和學習。

- 其他進階技巧包括：利用小組合作幫助學習（例如：讓學生當老師、配對——分享、辯論和學生觀察），或使用相關視覺教材（例如：關係圖、流程圖、文氏圖與分鏡）。

- 以上這些更進階的技巧，都需要學生積極主動地學習，進而讓老師能衡量學生的理解程度，並提供有用的回饋。

# Chapter 5 　學習環境

- 學生只在有動力時才會學習，因此老師的職責是建立能支持動機的學習環境。

- 人類會採取行動，是根據需要付出的努力程度、可能結果，及對結果感知到的期待度去進行評估。老師可採取以下方式激勵學生：提高學習目標及其過程的感知價值，以及在不破壞內在動機的前提下，提高對正向結果的預期。

- 遊戲化是一種將遊戲元素帶入非遊戲情境的方法，例如：學習方式。教師可以使用「晉級」的鷹架理論，讓「玩家」控制比賽，鼓勵戰略合作，並確保學生收到每個行動的立即回饋，而且遊戲是由充分理解的目標和對於「規則」的預期進行引導。

- 老師應該隨時鼓勵學生具備學術浮力，包括冷靜、自信、協調、承諾和控制。擁有培養這些特徵發展的心態，就能克服並掌握學習的困難層面，面對教材本身亦然。

- 有效失敗的觀點是，失敗本身就是一位寶貴的老師，比成功更能促進理解和精通。教師可以模擬面對失敗的最佳態度——失敗是正常、可處理的，而且確實對學習有幫助。

- 好的老師應該創造免於批評的學習環境。把學習成果和學生的自我價值或認同區分開來，讓失敗和錯誤不被視為威脅或羞辱。當老師採取不批評的模式，學生就能在學習過程中安全探索、實驗和嘗試犯錯。

- 回饋是良好學習環境的重要元素。好的回饋是針對討論的目標，盡量具體且詳細、及時、有意義、相關、讓學生容易理解，並為接下來的行動帶來清晰和實際的步驟。回饋不是評判、建議、表揚或批評，這些對學習過程本身都不是有意義的闡述。

## 加入晨星

### 即享『50元 購書優惠券』

--- 回函範例 ---

您的姓名： 晨小星

您購買的書是： 貓戰士

性別： ●男 ○女 ○其他

生日： 1990/1/25

E-Mail： ilovebooks@morning.com.tw

電話／手機： 09××-×××-×××

聯絡地址： 台中　市　　西屯　區

工業區30路1號

您喜歡：●文學/小說　●社科/史哲　●設計/生活雜藝　○財經/商管
（可複選）●心理/勵志　○宗教/命理　○科普　　○自然　●寵物

心得分享：
我非常欣賞主角⋯
本書帶給我的⋯

"誠摯期待與您在下一本書相遇，讓我們一起在閱讀中尋找樂趣吧！"

國家圖書館出版品預行編目（CIP）資料

什麼都能教的最高教學法：要當一位好老師，必須先成
為一位好的學習者，「教」&「學」相互促進、共同成
長／彼得・霍林斯（Peter Hollins）著；曾秀鈴譯. ──
初版. ── 臺中市：晨星出版有限公司，2022.05
208面；14.8×21公分. ──（Guide book；381）
譯自：How to teach anything.
ISBN　978-626-320-127-9（平裝）

1.CST：學習方法　2.CST：學習策略

521.1　　　　　　　　　　　　　　　　　111005256

Guide Book 381

# 什麼都能教的最高教學法
要當一位好老師，必須先成為一位好的學習者，
「教」&「學」相互促進、共同成長
【原文書名】：How to Teach Anything

| | |
|---|---|
| 作者 | 彼得・霍林斯（Peter Hollins） |
| 譯者 | 曾秀鈴 |
| 編輯 | 余順琪 |
| 校對 | 施靜沂 |
| 封面設計 | 耶麗米工作室 |
| 美術編輯 | 黃偵瑜 |

| | |
|---|---|
| 創辦人 | 陳銘民 |
| 發行所 | 晨星出版有限公司 |
| | 407台中市西屯區工業30路1號1樓 |
| | TEL：04-23595820　FAX：04-23550581 |
| | E-mail：service-taipei@morningstar.com.tw |
| | http://star.morningstar.com.tw |
| | 行政院新聞局局版台業字第2500號 |
| 法律顧問 | 陳思成律師 |
| 初版 | 西元2022年05月15日 |

| | |
|---|---|
| 讀者服務專線 | TEL：02-23672044／04-23595819#212 |
| 讀者傳真專線 | FAX：02-23635741／04-23595493 |
| 讀者專用信箱 | service@morningstar.com.tw |
| 網路書店 | http://www.morningstar.com.tw |
| 郵政劃撥 | 15060393（知己圖書股份有限公司） |

| | |
|---|---|
| 印刷 | 上好印刷股份有限公司 |

定價 320 元
（如書籍有缺頁或破損，請寄回更換）
ISBN：978-626-320-127-9

| 最新、最快、最實用的第一手資訊都在這裡 |